U0856445

代表作

用畅销书打造超级名片

REPRESENTATIVE WORK

刘Sir
蒋香香
著

 济南出版社

图书在版编目（CIP）数据

代表作 ：用畅销书打造超级名片 / 刘 Sir，蒋香香著 . -- 济南 : 济南出版社 , 2025. 6. -- ISBN 978-7-5488-7186-6

Ⅰ . G235

中国国家版本馆 CIP 数据核字第 2025RR5641 号

代表作：用畅销书打造超级名片

DAIBIAOZUO：YONG CHANGXIAOSHU DAZAO CHAOJI MINGPIAN

刘 Sir　蒋香香　著

出 版 人 谢金岭
责任编辑 朱　琦　代莹莹　叶　子　于　畅
装帧设计 水玉银文化

出版发行 济南出版社
地　　址 山东省济南市二环南路 1 号（250002）
总 编 室 0531-86131715
印　　刷 山东新华印务有限公司
版　　次 2025 年 6 月第 1 版
印　　次 2025 年 6 月第 1 次印刷
开　　本 145mm × 210mm　32 开
印　　张 8
字　　数 152 千字
书　　号 ISBN 978-7-5488-7186-6
定　　价 79.00 元

如有印装质量问题 请与出版社出版部联系调换
电话：0531-86131736

我不知道是否有一天书籍会消失，但我知道，代表人类宝贵的经验与智慧的代表作，应该会是最后一个消失的！

刘 Sir

自序

代表作与它所代表的行业

——

一个灵魂捕手的热爱与激情

很多人说，出版行业是一个很落后的行业。但我想说，它天然是一个很具先进性的行业！

互联网时代下的每一次新媒体变革，它都积极地拥抱！

从业 20 多年，在论坛时代，我们就在天涯、猫扑上找作者；在门户网站时代，我们就在新浪读书、腾讯读书、起点中文网上找作者；在双微时代，我们就在微博、微信上找作者；在豆瓣、知乎火的时候，出版人也自然不会“放过”它们；在之后的音频时代，我们就在喜马拉雅和蜻蜓 FM 上找作者；在短视频直播时代，我们就在抖音和视频号上找作者、培育作者、推广作者……每一个趋势下，作为出版人，我们的身影都不曾落下。

很多人说，出版行业是一个很封闭、走下坡路的行业。但我想说，它是一个无比开放、极具韧性的行业！

每一次渠道和商业打法的变革下，出版行业都积极地自我迭代！

在当当、亚马逊、京东等传统电商出现时，出版行业是最先拥抱它们的。抖音、视频号卖货，出版行业也是最早跟进的。十点读书、有书、樊登读书、得到等与图书有关的创新公司或创新业务，出版行业也是积极拥抱、合作与支持的。出版行业的同行年年都在研究行业上下游、行业内外有什么变化和打法能跟进的。现在，好多行业都陷入了发展的瓶颈期，而出版行业的前景，我们依然看好。

很多人说，出版行业是“前辈思维”老旧固化、对试错没有包容度、缺乏生机和创新、年轻人没机会的行业。但我想说，出版行业的前辈不仅够包容，而且行业人也一直紧跟趋势，创造潮流，是年轻人最有用武之地，也越干越值钱的行业之一。

当然，出版行业的很多人离开了。然而，不乏在相关行业、别的行业干得不错，离开了又回来的，可见，出版行业的自由度也是最高的。很多在别的行业很成功、想进入出版行业的人，往往都是备受欢迎的。

每年各个领域流行的畅销书一直都在制造着文化潮流，很多年轻人也因此脱颖而出，只要策划出好作品就会被行业人学习和托举。这个行业，对创意策划型人才的尊重从来不会缺席。

国内外出版界的交流每年都在进行，法兰克福书展、中国国际版权博览会等，每年引进的世界各地的畅销书以及越来越多对外输出的国内版权，这不正是文化崛起的力量吗？

很多人说出版行业自大、骄傲、论资排辈、老气横秋。但我想说，克制、谦逊、有情怀、无畏、有同情心，一直是这个行业的底色。

这是我一直爱着这个行业的原因。

互联网、新媒体发展的这些年里，图书产品常常被当作流量的工具各种被“玩坏”，出版行业没有过度抱怨，因为我们尊重商业生态的多样性。价格战把它的折扣打到“骨折”，就算没有利润，出版行业也没有掀桌子，因为读者从来不是出版行业真正的敌人。盗版、翻版、侵权令出版人和作者头痛不已，出版行业也没有“不玩了”，因为作者和编辑更知道多一个人读书的价值和意义。所以，这不是行业的不作为，而是一个有着深厚传统的行业自带的克制与谦逊。

这个行业真的是一个你稍微努力一点就可以被看到的行业。我在 26 岁就成为行业最年轻的高管，很年轻的时候就给很多出版社的社长讲过课。只要你真的行，前辈们不仅包容你，还愿意主动向你学习。现在，我在这个行业干了 20 多年，我看到很多一直在认真干的同行朋友们，要么成为所在公司的中流砥柱，要么做起了自己的工作室，日子越过越滋润，真的是越干越吃香。

这个行业的前辈不会嫉妒你的成功，而是会祝贺、拥抱，甚至成全你的成功。我们公司帮老板、知识 IP 共创代表作，三到四天帮老师们聊出一本书、一门课、一两百条短视频的业务，真的是越干越有更多出版同行参与一起合作，甚至有不少出版社的社长、总编辑都来参与或学习。我是科班出身，连我当年就读的湖南师范大学新闻传播学院编辑出版系的老师们，也都支持并指导我的工作，为我的探索助力。

很多人说出版行业吹破天，图书也是一种落后的内容产品形态，早晚被知识付费和人工智能替代，作者没必要写书了，读者没必要读书了。但我想说，对于作者来说，书籍是代表作最好的载体。

在人人都是 IP、浅内容泛滥的时代，深度内容越来越重要，以书为载体的代表作的名片价值对 IP 而言越来越重要。你可以少写书，但你不能没有属于自己代表作的书。对于读者来说，书籍是沉淀的智慧。高知阶层依然把读书当作持续且深度学习最好的方式。中国人均阅读量，依然呈现上升趋势。

出版行业真的是一个让你的工作等于学

习的行业，真的是一辈子都不会让人感到无聊的行业。当你足够优秀，你真的可以和这个世界很多优秀的大脑同频共振。

这个行业深刻且深邃，如果你喜欢这个行业，欢迎你加入。我们这本书写给这个行业的从业者，以及有志于出版自己代表作的作者，希望这本书能成为你的入门书！

我是刘 Sir，我的职业是一个灵魂捕手，一个陪作家走一程的摆渡人，我做的是一个助推者的工作。如果你觉得我值得一交，可以扫描下方二维码链接我。

我送你一个“出书避坑指南”，希望和你以书交个朋友！

刘 Sir

2025 年 4 月 30 日
于去往斯里兰卡的飞机上

第一章【认知篇】

爆款畅销书的底层逻辑

第二章【策划篇】

爆款畅销书的策划、创意和制作设计

第三章【写书篇】

如何高效创作一本爆款畅销书

第四章【推书篇】

超实用的五个推书方式

第五章【发售篇】

用发售让一本书价值最大化

第一章【认知篇】

爆款畅销书的底层逻辑

流量可以让知识流动，代表作可以沉淀智慧和塑造品牌！

人人都可以成为畅销书作家

在内容行业工作了20多年，我们的主要工作，就是和各种作者打交道。

一些从来没有出过书的朋友，经常向我们表达两个疑惑：

第一个，我是普通人，能出书吗？

第二个，我感觉自己认知不够，能出书吗？

有这些想法的朋友，其实是受到“必须有流量、有IP、有名气才能出书”这种看似正确的认知的影响。然而，在具备策划思维和注重内容价值的专业出版人眼里，这些都是伪命题。

如今，人人都有发声的机会，人人都可以是内容生产者。每个渴望出书的人，理论上都有机会成为畅销书作家。

写书真的很难吗

我们听到过很多声音，都说“写书很难”。大多数人，是陷入了下面这几个误区。

第一个误区：书是高高在上的存在。

某些人有“铅字崇拜”意识，他们对书也是存有敬畏心的，觉得写书、出书高不可攀，非常神圣，值得膜拜和敬仰。因此，很多人认为自己没内容可写，或者说认知不够，还不能出书。

第二个误区：糊弄了事，不管书的内容和价值。

为了做个人 IP、显示自己的权威性，有些人为了写书而写书，他们写书的初衷，是给自己贴一个标签，让别人觉得自己很厉害。他们根本不会思考自己是谁，更不会考虑写这本书能够为读者提供什么价值。

第三个误区：写作能力强才能写书、出书。

很多想写书的人，觉得自己有内容可写，但自身写作能力不足，不知道如何去创作书的内容来呈现自己的经验、智慧和价值。实际上，今天的作者和以往已经不同，他们有更多的工具、更多的方式来完成一本书的写作。

我们探索了一种共创的模式，从一开始创意阶段的头脑风暴，帮作者做好定位和选题，然后梳理作者的知识体系和框架，再利用层层递进的问题，通过访谈的形式输出内容，形成文稿，经过细致的打磨，使之最终成为可供出版的图书底稿。

第四个误区：无须投入太多时间和精力，一个月就能出本书。

有些人，他们想写书，又不想投入太多时间和精力。他们甚至想快速出书，觉得一个月甚至半个月就能出一本书。

其实不然，出一本书有其相对固定的周期。出版一本书的流程里涉及很多工作，比如选题策划与申报、排版、审校、申请书号、封面设计、印刷、装订等，每一步都需要精心设计。因此，短时间内出一本书的想法不切实际。如果你能拉长时间的维度，拉宽对一本书价值的理解，用一年、两年甚至三年的时间出版一本书，自然就不会觉得很难了。

写一本书沉淀自己，出一本书让智慧流动和让品牌扩散。

写书的难点，其实只有一个，那就是“愿力不足”。

无论你是觉得没内容可写，还是觉得没时间写、没能力写，归根结底，是你内心深处的愿力不够强。

很多时候，对事情难易的判断，并不在于事情本身，而在于做事的人误判了它的价值，过度功利就会让事情变得很难。

在当下这个时代，新技术、新媒介、新方法层出不穷。能打破过往固定的思维模式，张开双臂拥抱新时代、接受新思维，写书就不再是难事。

想出书的人，完全可以基于自己的核心能力、核心积累、生命故事、关键时刻的关键抉择，以及成长道路上获得的认知，写一本“生命之书”。

请记住，内容即流量，内容即营销，内容即运营，内容连接一切。大家一定要意识到，书籍出版既是自我价值的发掘与传递，也是人类精神财富的流动与沉淀。

“好”和“畅销”都是主观的评价

只要心怀诚意，用诚意去发声，写书真的没有那么难。

至于书籍出版之后，是“好书”还是“畅销书”，则取决于做出评判的人，都是很主观的看法，无须在意。以下是我们的一些维度，仅供参考。

什么是好书？

对于读者而言，对自己有用的书，就是一本好书。

比如，一个刚毕业的大学生，读了一本励志书，被其中的一句话或者一个故事打动了，从中得到了动力。于他而言，这就是一本好书。

对于出版人而言，有价值、能持续创造收益的书就是好书。

对于作者而言，什么是一本好书呢？

多年前，我们公司与清华大学教授韩秀云老师合作《清华韩秀云讲经济》这本书时，她跟我们讲过这样一句话：

“用你的诚意写你擅长，有瑕疵的光芒，好过刻板的完美。”

作者能够用他最大的诚意，写出自己真实的经历和体悟，把他在专业领域中最能通往大众的方法论梳理出来，并认真地对待整个出书过程，哪怕不那么完美，那他写的也是一本好书。

就像世上没有完美的人一样，世上也没有绝对完美的书。

写书的时候，非要面面俱到，追求“刻板的完美”，本身就是一种不完美。这也是我经常说，创作者不要过度依赖人工智能介入创作的原因。

一本书畅销与否到底该如何衡量？

为了给大家一个更宏观的视角，我们可以试着通过销量对比来做一个衡量。这也是出版行业的从业者通常用的一个标尺。

以前，图书市场行情好的时候，一本书的销量要到 10 万 ~

20 万册，才算是畅销书。

而现在，以如今的图书市场表现，能卖到 1 万册以上的新书，基本就可以被认为是畅销书。

这源于创立书香学舍之前，我们咨询过开卷[①]这家深耕国内图书数据调查多年的机构老总蒋总。她提供的数据，可以让我们了解一下目前中国图书市场的大致情况。

我们问她每年新出版的书有多少品类，她给出的数据是将近 20 万个。

我们又问她每年能卖到 1 万册以上的新书大概有多少，她给出的数据是 3000~4000 本。

也就是说，每年能达到 1 万册以上销量的新书，占比不到 2%。如果你的书销量超过了 98% 的书，某种程度上也算是“小畅销”的书了。

也许有人会产生疑问：市场上有很多低价书，销量能达到几万册甚至几十万册，它们算不算畅销书？

从销量上来说，一定是的。但就像之前说的一样，销量只是衡量标准之一。一本好的畅销书，还要考虑它的价值、社会效益等因素。

市场上的低价书，主要有两种呈现形式：

一种形式是公版书。这类书不需要向作者支付版税，可以

① 开卷，中国专业提供图书行业咨询、研究调查服务与数据化解决方案的商业机构，是图书产业较早创立的数据与信息服务提供商。

通过拼价格来增加销量，达到畅销的效果。但是，如果出版方一味地追求低价不管质量，其实是对公版书的伤害，削弱了它们的价值。

另一种形式是跟风书。某些出版方为了蹭畅销书的热度，让书快速上市，找写手攒一本低质量的书。这样的书，没有好的内容和实实在在给读者提供价值的方法，并不能真正帮助读者解决问题。

出这些低价书，更像是一种投机行为，想在短时间内获得现金流。有些低价书销量虽高，但出版价值比较低，做的是无效传播，浪费了很多社会资源。

这种饮鸩止渴的做法，给读者和作者造成了伤害，也给图书行业、产业带来了打击。

低价导致出版方的利润很薄，出版方没有动力出好书；作者的创作动力，也会受到影响，不再重视写书了；读者看到这些低价书，缺乏收获，对读书就会逐渐失去兴趣。长此以往，整个行业必将走向衰亡。

值得欣慰的是，随着国家政策法规以及互联网监控、监管措施的逐渐完善，越来越多的出版单位已经意识到了这个问题。

大家越来越重视图书的价值、质量、评分等，也越来越关注读者的阅读体验，开始抵制出版低价书，着力于出真正意义上的畅销书。我们所做的事情也是顺应这个潮流和趋势，回到内容的本质去做出版创新的探索，助力有志于出版好书的作家们更好地打磨内容。

总而言之，销量并不是判断一本书是否畅销的唯一标准，它只是一个参考依据。

人人都能写出畅销书

我的前老板、磨铁图书的创始人沈浩波，在我刚加入公司的时候跟我讲过一句话——每个人都可以成为畅销书作家。

其实，最初听他这样讲，我是不相信的，觉得他只是在给我们刚入行的后辈打气而已。然而，经过了 20 多年的实践和体会，我越来越觉得这个观点是如此深刻且正确。

有一句话说得好，生活远比小说更精彩，叫人不服不行。这世界上的每一个人，都有精彩而独特的人生故事。

我曾经和一位拍纪录片的导演交流过，他说：

“假如一个导演愿意跟拍一个普通人，把他一生中的每一个细节都记录下来，再从他的人生故事中提取精华的部分，就可以拍出一部能获奥斯卡奖的电影！”

听完他的话，我的第一反应是：这样一部电影有什么意思？随着生活阅历的增加，越品这句话我越觉得他说得太对了。每个人都有着看似平凡而又不平凡的人生经历。这个过程中，每个人又都有着独一无二的生命体悟。

比如，拍摄一个拾荒者，可以反映这样的内容：他是怎么成为一个拾荒者的？他在拾荒的过程中经历了什么？他如何看待当下的自己？有没有可能改写自己的命运？

再比如，拍摄一个“躺平”的人，可以反映这样的内容：他为什么要“躺平”？为什么“躺平”之后就爬不起来了？他给我们带来了怎样的人生思考和启发？

很多优秀的电影、纪录片，其实都是在记录普通人的故事。好的故事，并非全是好莱坞式的宏大主题、主人公要拯救全世界的故事，而是那些平凡人身上发生的不平凡的故事，是那些直抵人心的故事。

只要能够真实呈现自己的生命故事，并加以提炼萃取，每个人的故事都可以变成一本书，每个人都有可能成为一位畅销书作家。

另外，我们也可以从经验层面上来讲。理论上，每个人都可以在一个领域里干上 3 年、5 年、10 年，甚至是几十年，在这个领域里积累上万小时，甚至 10 万小时的专业经验。我们是不是可以把这些专业积累变成一本书，跟读者来一起分享？

基于此，在我们的认知中，普通人也能写出畅销书，关键在于你想不想写。

我们书香学舍里的一些作者，出书之前基本是普通人。

比如，《极简学习法》的作者廖恒老师，出书之前是一个普通人，但他的第一部作品一上市，几个月的时间就卖了上百万册。再比如《允许一切发生》的作者李梦霁老师，出书之前她只是一个普通的编辑，但是这本书一出版也卖了几十万册。

在出版圈里，没有流量、没有名气、没有品牌势能的普通人变身畅销书作家，是一种长期存在的现象。

有很多作者，甚至是“出道即巅峰”，比如《诛仙》的作者萧鼎、《明朝那些事儿》的作者当年明月、《盗墓笔记》的作者南派三叔、《拆掉思维里的墙》的作者古典、《遇见未知的自己》的作者张德芬等，都是第一本书就成了超级畅销书，他们也从默默无闻的普通人变成了影响深远的知名作家。

出书的过程，就是做内容的过程；做内容的过程，就是做流量的过程，也是打造个人 IP 的过程。

很多作者，一旦真的参与到出书的过程中来，就会发现，专注于生产好内容时，流量、IP、名气等，自然而然就来了。

关于缺少流量，书卖不出去的问题，我们的做法也许能给到你一定的借鉴和参考：

书稿共创前期，我们会做问卷调研，提升粉丝黏性和市场洞察力，为后期卖书做准备。

比如，我们和筝小钱老师共创一本书。前期问卷调研时，我们会设计问题，让她的学员写出最想请筝小钱老师帮忙解决的问题。比如：

如何选书？

读什么样的书可以让内心静下来？

拆书有什么技巧？

……

筝小钱老师如果可以在书里解决学员的这些问题，学员会不会买这本书？会不会愿意把这本书推荐给身边的人？答案是：99% 的人一定会，因为这是一本专门为他们而写的书。而这些收集的内容，既可以是书的内容，也可以是拍摄短视频的选题，或者是发朋友圈的素材，甚至是公众号文章和直播里可以讲的内容。这就是一件事情本质上有多重价值，写书尤其如此。

另外，共创聊书稿时，我们会同时用 3 台机位帮老师拍摄 300+ 条短视频素材，这些素材剪辑好之后，可以用来给老师短视频起号或日常更新，为老师增加粉丝和曝光，成为流量入口。当图书上市的时候，这些粉丝还会给书的销量带来提升。

当一本书梳理完之后，老师不同媒介的大众化内容输出就有了锚点，有了框架，有了一根守住自己避免走偏的定海神针。这就是从写一本书到“人书合一”带来的价值。只要你基于你的定位反推出来的书的定位和框架做延展，不断地输出内容，就会有人不断地被你吸引，你也就有了源源不断的流量。

而且，这样做能验证你的内容是不是真的符合大众的需要，你也可以跟你的读者粉丝进行共创，让创作过程变得更加有趣。

所以，不要以为没有流量不能出书，也不要轻易给自己贴标签。流量不是问题，更不是拦路虎。想出书，却只是停留在表层，对出书的认识不够，这才是真正的问题。

最后，很想送你一句话：书籍是智慧与品牌的沉淀。不妨思考一下，你为什么要出一本书？这本书能给你带来什么价值，能给他人带来什么价值？如果要出一本书，你愿意为此付出多少时间、精力？

爆款畅销书的价值何在

“10 年出 10 本书，每本书只卖 1 万册，倒不如 10 年只出 1 本书，把它卖到 10 万册。”

书在畅销而不在多，在出版行业里，数量终究抵不过质量。就收益和影响力而言，出版 100 本普通书，也许都比不上出版 1 本爆款畅销书。有时候，只要出 1 本书，就足够了。

为什么一再强调，对于绝大多数作者来说，出一本书就够了？原因很简单：少就是多。不要只是把书当作书，而要有“串起来打造自己”的思维。从这个角度来说，要做的事情就很多了。在生产一本爆款畅销书时，一定要有一个宏观视角，把不同媒介的不同内容维度串起来看，把不同类型的知识类产品串起来玩。比如，用书的内容来反推短视频、朋友圈与直播内容，通过书稿改课稿来制作线上课程，借助出书的过程来梳理整个线下培训的内容体系，用书作为引流品，等等。通过一系列营销活动，可以用书来带动全域流量，从而获得巨大的收益。这就是“一”的力量，只做一件事，不同的媒介、不同的形式、不同深浅的内容，都是为了做好这件事。

书是撬动全域流量和收益的超级杠杆

如果真心让书籍沉淀智慧，那它就可以贯穿不同的媒介、穿越不同的周期、串联知识付费的产品营销和全域营销，成为撬动全域流量和收益的超级杠杆。

比如，拍短视频可以为写书积累素材，也可以起到推广作用，告诉用户你要写一本书。做直播课程、录播课程，道理也是一样的，可以在知识的流动中，让你更清晰地理解什么是可以沉淀在书中的价值。

书籍比任何媒介下的内容都更具底层属性，所以它可以串联起一切。在新书上市的时候，你可以做一个大事件营销，它称得上是你个人品牌打造能力的一次综合实战。一本书的上市可以和你的某一次年度大事件结合起来，产生叠加的效果。这个过程中，所有媒介下的内容输出形式都可以被用来推广一本书。我们可以通过拍短视频推书，通过直播卖书，与其他势能相当的好友 IP 连麦聊书，发朋友圈向好友推荐书，社群做读书会一起共读一本书，线下课给学员送书，甚至用买书赠课或者是买课赠书的方式来营销，等等。

用书撬动全域流量和收益，与个人的私域资产的动员能力和力度息息相关，你值得最大化地撬动你的人脉资源，进行一次集中变现。当然，最大化撬动人脉的前提是，你要做一次有诚意的发声，并基于个人认知进行一次系统梳理。

具体而言，书的超级杠杆作用，主要体现为三点：社交名片、关系杠杆和流量入口。

社交名片。

如今，纸质名片基本消失了，书是新形式的名片。很多知识传播者、内容传播者，都会把一本代表作当成自己的名片。

比如，参加饭局时，有很多不认识的人，每个人介绍5分钟，很多人还是记不住你的名字。如果你给每个人送一本书，就给了在场的人一个更深入了解你的机会。回到家之后，他们打开你的书，就可以更好地了解你。如果你的书对他们有吸引力、有价值，他们自然就有可能和你产生更深度的连接。

有一次，我参加肖厂长的线下饭局，到场的有100多人。其中，我们共同的好朋友李海峰老师，他给在场的所有人都送了一本书。这样，他就把一桌8个人的交流，变成了一场100个人的交流，撬动了他的一度人脉。

这场交流活动中，书就成了李海峰老师的社交名片。李海峰老师通过书让更多的人记住他，也让自己的社交价值实现了最大化。

关系杠杆。

一度人脉被调动之后，他们为你做的传播，就会拓展二度人脉，进一步发挥关系杠杆的作用。

你可以发动朋友圈中的几百个好友，帮你发朋友圈，撬动他们的朋友或粉丝买你的书，你的好友的这些朋友和粉丝，就是你的二度人脉。

如果你的朋友是做 IP 的，你可以和他做一场直播连麦，直播的过程中，吸引对方的粉丝买你的书，他的这些粉丝就成了你的二度人脉。

你还可以到别人的社群里进行一场分享，去吸引那些喜欢你的人，撬动别人的学员买你的书，他们也是你的二度人脉。

上述这些方式，都能撬动二度人脉，发挥关系杠杆的作用。

流量入口。

一部代表作的流量价值，并非一时一地，而是具有流动性和可持续性。

如果你的书对大众有价值，很畅销，很多人、渠道和媒介都会主动帮你宣传，成为你的流量入口。

比如，书店老板发现你的书销量很好，他就愿意将这本书在书店里做相应的展示；读书博主觉得这本书不错，他会拍一条短视频，推荐这本书并带货；其他媒介或渠道，觉得这本书有社会意义，也会愿意帮你做传播。

最后能达到的效果就是，你甚至都不知道在世界的哪一个角落，有个人买了你的一本书，然后来主动和你连接。这个过程，就叫撬动“六度人脉”，会产生很多高价值的连接。

当然，随着内容的更新、人脉的变化，我们还要对书进行迭代，每两三年迭代一次，让书成为你的重要标签，不断地扩大你的流量。

带着这样的理解去写书、出书，可以真正实现作者、出版方和读者三方共赢，也可以增加这本书畅销的可能性。

爆款畅销书的价值体现

人是一切社会关系的总和，书能够成为撬动关系的超级杠杆，就有极大的可能带来超级价值。

从商业价值的角度来说，生产力、生产关系和生产资料，三者缺一不可。书在这三个方面，都极具价值。

从生产力的角度来讲，书是个人认知的一次系统性总结和梳理，这是生产能力的结晶。

从生产关系的角度来讲，书是社交名片、关系杠杆和流量入口，是你人脉关系的连接器与放大器，更是润滑剂。

从生产资料整合的角度来讲，书能帮你链接到更多及更有利于做整合的生产资料。

可见，书可以把生产力、生产关系以及生产资料的整合完美地连接在一起。也就是说，书对于个人商业能力的放大价值被严重低估了。之所以这样讲，是基于以下几个维度的考虑。

第一，对出版人来说，书籍出版，是价值的发掘和传播。

这里，想先问大家一个问题：你有没有想过，为什么会出现书籍？

在古代，人与人之间的联系方式、沟通媒介以及科技水平都非常有限。大多数情况下，都是两个人坐在一起面对面地交流。

为了记录有用的信息，扩大传播范围，逐渐出现了文字。再后来，人们用文字把知识、事件等信息记录在书里，用于传播，可以让作者和其他人隔空交流信息，让灵魂与灵魂在隔空的交汇中产生更多难能可贵的创造力，从而推动人类文明的进化。

读一本书，就像是与或熟悉或陌生的人，甚至是与一个跨越了千百年的人进行一场隔空的对话和交流。

对出版人来说，出版一本书，就是为了挖掘这些人身上的价值，并帮助他们让这些价值在更大的范围内得以传播。

第二，对作者来说，出书是系统性梳理和在反馈中学习的过程。

对于作者本人来说，出一本书的意义，是一次对自我认知的系统性梳理，是对过去的回顾、对当下的总结、对未来的展望。

回顾过往的经历，回想与人链接的点点滴滴，你能发现自己得到的经验、思维和方法论原来真的价值无限。你可以问问自己：

“这么多年的积累，有哪些东西是真正对别人有价值，也是对自我有价值的？”

总结之后，你会更了解自己，更明确你在这个世界上存在的意义，以及自己能为这个世界创造什么样的价值。

我之前从国外引进过一本书，叫《反馈的力量》。它是“全美十佳管理咨询公司”之一的人本管理公司的创始人，M.塔玛拉·钱德勒和高级顾问劳拉·道林·格雷什的作品。书中讲到，在反馈中成长才是最好的成长。

我对此的理解是，和读者进行一场有诚意的对话，能得到很多反馈。这些反馈对你来讲是最有意义的事，在反馈中学习才是最好的学习。

正面的反馈，读者会告诉作者他们得到了哪些收获，让作者进一步确认自己梳理的内容中，为别人提供的核心价值在哪里。

负面的反馈，读者会告诉作者书中哪些地方讲得不足，帮作者查漏补缺，甚至激发其思辨力。

无论是正面的反馈还是负面的反馈，都是好的反馈，都是难能可贵的交流和探索，对作者的自我成长都是非常有意义的。

我们经常讲，一本书的创作过程是十月怀胎，推广一本书是在伴随反馈的过程中赋予其生命的过程。

可是，很多作者写完一本书之后，根本不注重推广和售卖。他会觉得这是出版方的事，于自己而言毫无意义。他更不想听到任何人的反馈，甚至会觉得这些评价和反馈会刺激自己，让自己很痛苦。

这其实是一种严重错误的认知，因为互动是极具价值的。你给他人提供了价值，他人就会给你反馈价值。在反馈中学习，在反馈中成长，恰恰是一个个体所有学习成长里最好的方式。

第三，连接到高价值客户，产生高价值的连接。

读者读完一本书，如果觉得有价值，认可作者的观点，很可能立刻就与作者联系，希望产生更深入的连接和合作，这样的例子不胜枚举。

有很多作者，之前和我都素未谋面，但是读了我的《定位高手》之后，他们通过各种渠道与我联系，我们进而展开了合作。

这就是书给我们带来的高价值合作，读者会加入我们的书香学舍，甚至参与我们写书的陪跑计划，或者跟我们共创一个优质的内容作品。

第四，品牌的增值。

一本爆款畅销书，可以给作者带来品牌价值上的增值。

比如，有的读者读完了我的《定位高手》，很认可我，就会向身边的朋友推荐我这本书，这就让更多的人知道我这个人和我这本书。或者是他身边有人想要出书，我也会是被推荐的对象。由此，我就和更多的人产生了连接。

他们帮我做传播时，书就成了一个很重要的流量入口，为我撬动了人脉。这样，我的品牌价值获得了更多的赋能。随着书的传播，我个人的品牌价值会越来越大，越来越吸引人。

这与我前面说的观点——好书是让别人记住你、选择你、替你传的社交名片——是相互印证的。

第五，直接的商业变现。

毫不夸张地说，一本真正畅销且常销的书，是出版方和作者的“印钞机”。只要有一本这样的书，就能养活他们。

比如，《活着》《自控力》《天才在左　疯子在右》等，一直都很畅销，作者每年都能靠他们的书获得可观的版税收益。

如果一本畅销书有幸成为经典读物，在作者离世之后的50年内，他的子孙后代还能享受到这本书的版权收益。

除了版权收益之外，书带来的流量以及品牌资产的变现也是非常可观的。

试想一下，如果一本书每年能卖几万册甚至几十万册，是不是相当于每年都会获得几万个到几十万个精准的付费用户？从商业变现的角度来讲，他们每年给作者带来的收益是不是非常可观？

我们常说，内容行业，少就是多。人这一生中，用高维度的理念和深刻的认知写一本书的价值太大了。

我们对很多老师都会表达这个观点：

“你出了一本代表作之后，也许会有出版方找你出另外一本书。你当然可以出版，也可以配合推广，但是从长期来看，你最主要的精力还是应该花在你的代表作的营销和迭代上。”

为什么这样说？

从传播学的底层来讲，只有一个标签的话，传播效率会更高。标签太多的话，效率的折损是指数级的。

只有一本书，一个标签，反而更容易被记住、被传播，获得最大收益的可能性也就越大。

畅销书对整个文化产业链的影响

一本畅销书，需要作者带着诚意去写，需要呈现有价值的内容，需要出版方认真包装，需要与书相关的各方共同宣传、推广。

作者愿意付出时间和精力，站在读者的角度去追求出版好书，读者也会愿意托举这些尊重价值的作者。

作者和读者之间形成了良性的互动，出版人也会积极正向地为作者和读者赋能。这三者之间形成了一个正向的循环。

比如，很多短视频、直播中，大家都开始推好书，就促使很多真正有价值的老师成为 IP。成为 IP 之后，老师的号召力极大增强，知识体系越发完善。他们与读者的互动越来越紧密，为读者提供的价值越来越高，就越能生产出更多好的内容，书籍的内容转化成音视频课程或者动漫，用多媒体的形式去呈现内容，甚至衍生出各种形态的周边产品。

这些高质量的文化衍生品的出现，带动着整个文化产业链都开始正向循环了。

比如，张嘉佳最早是在微博上写文章，后来出版了《从你的全世界路过》，这本书畅销之后，被拍成了电影《从你的全世界路过》。

而《盗墓笔记》《鬼吹灯》《庆余年》等作品，则是从网文到小说出版，再翻拍成电影、电视剧、网剧，直到今天成为超级 IP，拥有众多形态的文化产品。

在教培领域，有些书籍的作者，通过开发知识付费课程，成为头部知识 IP。也有很多网络上的头部知识 IP 是反其道而行之，他们通过短视频、线上课程的方式打造自己的 IP，有了流量之后，再提供知识和认知，做到一定的阶段，又把这些内容系统地整理成一本书。

这就是我们说的，流量让知识流动，出书是智慧的沉淀。这些文化产品的畅销，又推动了更多的媒体基于这个方向，去策划并推出更多的文化类综艺节目。

比如说，书香学舍的卢菲菲老师，参加了《最强大脑》之后，既做知识付费又出书，通过文化的相互影响，来扩大自己的影响力。在这个过程中，畅销书有可能是主角，也可能是配角，整体上起到了发动机或者催化剂的作用。

畅销书具有串联周边价值的能力，贯穿在整个产业链中，可以做成“书籍 + 短视频”“书籍 + 直播”“书籍 + 综艺”“书籍 + 影视”“书籍 + 网剧”“书籍 + 社群”“书籍 + 发售”“书籍 + 销讲”等方式。它是全 IP 产业链中最重要的一个超级杠杆，可以帮助 IP 最大化地将价值传播给大众。

很多时候，我们的认知维度，决定了看待一件事情的价值和对待它的方式。认知站在高处，一切生产资料都可以被重新组织。

如果你能站在高处看待一本书的价值，做到三维打二维，二维打一维，书的价值就能够实现最大化。

最后，大家不妨思考一下，在看完这一小节之前，你对书的价值是如何理解的？看完这一小节之后，你对书的认知有什么改变，又有哪些新的认知呢？能否列出来并依照重要性进行排序呢？

爆款畅销书的层次与分类

三流的畅销书，卖的是噱头，卖的主要是信息差；

二流的畅销书，除了卖噱头，还卖认知和方法论；

一流的畅销书，既卖噱头，又卖认知和方法论，还卖价值观。

这是畅销书的三个层次。同是畅销书，内容天差地别，反映了作者的认知水平，体现了作者的自我修养。

三流的畅销书：卖“噱头”。

在出版市场里，有一些书，卖的只是噱头。这些图书，也许可以带来泛流量，但往往无法体现作者最核心的能力，给大众提供的价值有限，对个人的价值提升也有限。读者很难对作者产生强烈的价值认同，也很难和作者建立紧密的连接，噱头过了，或者有了新的噱头，这本书也就过时了。

其中一种类型是，什么火爆，就生产什么内容。

比如，人工智能出现之后，你写了一本《人工智能的秘密》，这显然是一本大众的噱头型的书，短时间内也许能吸引对人工智能感兴趣的用户，但经过一轮销售之后，用户就会失去兴趣。

还有一种类型是，“解密”题材的书，引起用户的好奇心。

比如，《揭秘如何赚到100个亿》。一眼看去，确实很吸引人，能引起读者的好奇心，但读者读了之后就会发现，没有收获感，也不会去帮你自发地传播。甚至有的读者压根儿就不相信这件事儿，连打开的欲望都没有。

刚刚进入出版行业时，我的前老板、磨铁集团的创始人兼 CEO 沈浩波跟我讲过一些出书的底层逻辑。他说："猎奇性和娱乐性都是伪需求。"一本纯粹猎奇和娱乐性的书，只能提供表层的情绪价值，而真正有价值的书，必须附着于一个功能点上。

卖噱头的书，只是关注一时的现象或概念。这与我们追求的"流量使知识流动，出书使智慧沉淀"是相悖的。因此，在定位、选题、创作、传播的过程中，我们不能只基于噱头、揭秘性、猎奇性的需求去思考，而是要上升到具体的功能属性。

二流的畅销书：卖"噱头 + 方法论"。

有些作者，写书时很在意自己输出的是否是干货、认知，专注于介绍方法、技巧、手段。

这类书，比纯噱头的书稍微高级一些，但是纯粹讲方法论，略显功利，一堆的方法和技巧阅读起来也比较枯燥。

很多读者读书确实带着目的性，有功利的需求。作者创作内容时，确实也要在一定程度上满足读者的需求。

但是，作者一定要有自己的价值观，不能读者想要什么就给什么。

就像一个好的医生，一定要从根本上消除病人的痛苦和烦恼，而不只是头痛医头，脚痛医脚。

一流的畅销书：卖“噱头 + 方法论 + 价值观”。

人靠理性来认知世界，靠感性来连接世界。除了认知、方法、技巧、手段，人的情感等也是感召他人的重要因素。

如果只给读者提供认知、方法、技巧、手段，却没有提供价值主张，作者的人格魅力就很难得到彰显，也很难感召人去行动。

比如说，要写一本与沟通有关的书，你罗列了各种各样的场景，介绍了不同场景下的沟通技巧。可是，即便你介绍了1000招，也无法穷尽这个世界上的所有沟通技巧。倒不如，你告诉大家沟通背后的底层逻辑是什么、原则是什么，这会更有穿透力，更能够影响他人。

这个世界，缺乏的不是认知、方法、技巧、手段，而是能够触发人行动的、有温度的情感、情绪和价值观。

我们和中国营销界的专家李勇老师有过深入的交流，他提出了“情绪引爆”这个观点。在他看来，任何大事件营销背后的底层都是情绪，情绪的底层是价值观，价值观的底层是文化基因。对文化基因的研究，常人难以洞悉根本，但价值观是每个人都可以有的。

相对于容易过时的噱头和方法论，价值观更容易爆火和穿越周期，成为一流的畅销书。

古典老师的《拆掉思维里的墙》，当初是我在磨铁带领团队策划的。这本书卖了十几年，是名副其实的爆款畅销书。每个人的思维里都有一堵墙，让人陷入固定性思维中。要拆掉它，才能看到更多的机会和可能。这个书名自带价值观念，满足了读者内心的需求，才影响到那么多的读者。

书香学舍里，很多老师写的书，也都是畅销书 。比如，海蓝博士写的《不完美，才美》，李梦霁老师写的《允许一切发生》，等等。她们也是在传递价值观，以此影响读者。

书香学舍之外，稻盛和夫的《活法》，张磊的《价值》，名字看上去很简洁，实际上也是一种价值观的体现。

所谓“一切始于心，一切忠于心”，只要能抓住读者的心，这些传递价值观的书，就可以穿越很长的周期，成为鼓舞很多读者的畅销书。

作者搞创作，应该追求一流的畅销书，追求“以术入道，以道御术，道术结合”。

所谓“术”，指的是方法、技巧、手段；而“道”，指的是价值观。一本一流的畅销书，要从“术”入手，升维到“道”，就叫“以术入道”。再以“道”为指导，去普及一些常见的“术”，这叫“以道御术”。

通俗来讲，就是从噱头到提供方法，从方法上升到价值观，在售卖价值观的过程中，又自然兼顾方法论和噱头。

总的来说，卖噱头的书，热度一过，就卖不动了；卖方法论的书，方法一旦过时，就没有市场了。这两类书，都会像一阵风一样，刮过去就没了踪迹。

卖价值观的书，则可以穿越周期。比如，孔子的价值观流传了几千年，至今仍受读者欢迎。那本主要记录孔子及其弟子言行的《论语》，经久不衰。

个人代表作

畅销书有不同的类型，它们分别体现了作者身份的差异。在这里，我们把畅销书区分为两个类型：个人代表作和行业代表作。

能够给你个人形成强链接符号的书，我们把它称为个人代表作。

它是作者人生经历、工作方法及价值观的综合展现，有以下代表作用：

第一个，代表你的人生体悟。

这是一本书的“魂”，能让读者与你产生情感共鸣，同频才能共振。

第二个，代表你的底层认知。

这是一本书的“骨”，体现你在专业领域中最能通往大众的方法论。

第三个，代表你的品牌故事。

这是一本书的“肉”，让读者听到你的故事之后，相信他自己也可以。

由此可见，在未来 3~5 年甚至 10~20 年的时间里，你都有机会通过图书获得巨大的收益。

你愿意向别人推荐这本书，将它变成你的社交名片；你的朋友愿意帮你传播这本书，将它变成你的关系杠杆；更多的读者愿意购买这本书，将它变成你的流量入口。

畅销到一定程度，这个代表作就等于你。好比《定位》就等于杰克·特劳特，《明朝那些事儿》就等于当年明月，《盗墓笔记》就等于南派三叔，《活着》就等于余华，《天才在左　疯子在右》就等于高铭，等等。

个人代表作的价值，是针对大众获得流量、客户、粉丝。它能让你在大众领域里产生影响力，能够帮你获得潜在的客户和高价值链接的可能性，甚至能够帮你实现在公众领域的成功。

行业代表作

有别于个人代表作，行业代表作体现的是一个行业的共性认知或要求，包括入门的通识、工作思维、工作方法论等。

一本通俗易懂的行业代表作，对于行业从业人士，尤其是行业小白而言，意义重大，他们可以从这本书里了解最底层的行业认知以及工作的方法，快速入行。

一个人必然无法代表一个行业，行业代表作也必然需要一群在行业里有认知的人共同去打造。这类书，往往采取“编著”或者“合著”的方式来呈现，一定要有牵头的人。

比如，我们打造的《家庭教育工作方法论》。这本书由具有丰富家庭教育经验的创客匠人老蒋和赵婉新老师牵头，并邀请家庭教育行业的老师们一起交流经验，尽可能吸收行业的经验智慧，共同打造了一本有说服力、有权威性的行业代表作。

当然，行业代表作也可以通过行业领跑者跟一群行业的专家一起共创来实现。它的打造模式是多种多样的。

行业代表作的价值，更多的是进一步建立、夯实你在行业领域的江湖地位，产生更大的行业影响力，让人觉得你是一个有贡献的人。即便只有几千个小时的积累，即便只能解决行业里的一个问题，也可以参与到行业代表作的共创当中。

畅销书、常销书、经典书

关于畅销书，我们已经讨论了很多。而常销书的考量，主要有两个指标。

第一个指标是书的售卖数量；

第二个指标是书的售卖周期。

在当下这个时代，书要先畅销，才有可能常销。

前文曾经提过，中国每年新出版的图书中，能卖到 1 万册以上的书，占比不到总量的 2%。

这意味着，畅销书之外的大量图书，读者群体非常狭窄。在书店空间资源有限的情况下，大量的书甚至都没有在书店上架的资格。即便是网络书店，可以容纳的品类和数量都很庞大，但不畅销的书，展示位和搜索流量也相对有限。

书不畅销，曝光的机会有限，难以触达用户，自然无法常销。

而且，你出版的第一本书，如果销售数据不理想，出版方在面对你的第二本书时，可能会非常慎重地做评估。这就意味着，你想出版第二本书、第三本书时，难度会变得更大。

即便你的第二本书能顺利出版、上市，由于已经留下了“你的书不是很好卖”的记忆符号，要把它引爆的难度也会更大。因此，我们建议好好打磨你的第一本书。

没有畅销，就没有常销。而且，常销书需要具备长期的价值属性，不是所有的畅销书都能够常销。

比如，那些只满足于一时的功能性需求、噱头需求的书，短时间内也许会畅销，但在长期市场里，销量是无法保证的。

那经典书又是怎么判断的呢？同时具有畅销书和常销书的特质，且能够穿越几十年、上百年甚至千年的周期，这就是经典。在今天这个每个人都需要具备互联网产品经理思维的时代，大多数的经典，都是在一次次迭代后才呈现出来的。

很多作者却没有这样的认知，总想一步到位，把第一本书一口气打造成经典。

“有瑕疵的光芒，好过刻板的完美”。一本经典书的出现，首先是完成，其次才是完美。

我们见过很多作者过分追求完美。写完第一版书稿之后，不断修改，以求完善。直到几个月之后，忽然觉得写得不够好，索性停下，不出版了。

作者重视内容，这是好事。但是，一定要给自己一个截止时间。人的认知是不断升级的，总用新的认知去纠正过往的认知，将是无穷无尽的，书的出版也会遥遥无期。

查理·芒格说过，“在过去的任何一年，如果你一次都没有推翻过自己最中意的想法，那么这一年就算浪费了”。

随着各种技术的快速迭代，“一年”这个时间节点，已经大幅缩短了。几个月的时间里，你也许就会觉得之前自己的想法不够完善。

因此，计划写一本书时，先给自己一个要求——只写动笔之前的认知。

写作的过程中，如果产生了新的认知，可以适当修改，一旦创作完成，就要按下暂停键。词句、逻辑可以修改，认知一定不要再改。只有这样，才能顺利完稿，推动出版进程。

这样做，不是对不足视而不见，而是先出版，再迭代。毕竟，无论想做畅销书、常销书，还是经典书，出版是基础条件。

出版后推向市场，用这本书跟读者连接，获得反馈，然后再迭代，再出版，这是更值得借鉴的策略。因为沉淀更长的时间，你会发现，很多你认为需要马上迭代的东西，不一定需要那么快地迭代。

像我的《定位高手》出版之后，数百位老师主动与我产生连接。为他们做定位咨询的过程中，我得到很多有益的反馈，认知进一步升级。

可我并不急于迭代这本书，我更需要的是沉淀，以两三年为周期，这更能让这本书的迭代有效且充分。

如果你有足够强大的愿力，若干年之后，你的书迭代了很多版本，它可能就成为经典了。

看到这里，不妨思考一下，你想出版的第一本书，会是什么类型？是个人代表作还是行业代表作？是一本畅销书还是经典书？为什么要创作？创作给谁看？创作的价值是什么？

知识工作手册与爆款畅销书

知识是重要的生产力，某种程度上，写知识工作手册，是串联一切自我成长及向上、向外学习的基本动作，也是未来型人才最基本的自我修养与修炼。

我们在多年的职业生涯中，一直特别注重知识工作手册，而且一直要求我们的团队制作和迭代知识工作手册。

什么是知识工作手册

我们所说的“知识工作手册”，就是按照流程及时间闭环，把工作分成几大模块，再进行细化，最终形成的标准化作业流程。

比如，我们和作者共创出书，大致可以分成几大模块：选题预判、作者发掘、谈判签约、资料收集、框架搭建、现场访谈、稿件整理，以及选题申报、图书制作、发售策划、市场营销与渠道销售等。

基于这几大模块，我们团队的小伙伴会记录每天的思考、体悟，以及实际工作中常用的方法。每隔一段时间，我们都会认真梳理这些碎片化的内容，把它们整理归纳，变成自己的知识工作手册。

记录的过程中，一定会有新的认知出现。如果新旧认知有所冲突，需要及时思考并总结迭代。这可以有效避免我们陷入自动化重复的陷阱，并培养复盘迭代的思维。

养成这样的习惯，可以在不知不觉中完成知识体系的搭建，每天在练习中形成肌肉记忆。

团队成员把自己的知识工作手册整合在一起，就可以形成一套书课共创的方法论，它就是公司的 SOP[①]。

你手里的这本书的原点就是我们公司的工作方法论，是把公司的 SOP 里最值得给大众呈现的呈现给大众、作家以及同行，让大家更好地理解如何打造一本畅销书、常销书，甚至是经典书。

高手和低手的最大区别，就在于有没有方法论，而工作手册就是总结方法论最好的工具。

当下费力，未来受益

做知识工作手册，是一件当下费力，未来受益的事情。

想写出好的知识工作手册，需要注重几个关键点：

有写的意愿。

写知识工作手册是成为精英的习惯，是好的内容生产的习

① SOP（Standard Operating Procedure），即标准作业程序，指将某一事件的标准操作步骤和要求以统一的格式描述出来，用于指导和规范日常工作。

惯。它不是能不能做到的问题，而是你愿不愿意去做的问题。

你到底想不想成为一个作者、创作者或者是 IP ？

想的话，你就可以做到。

有框架感。

写知识工作手册，要把你涉及的所有工作分成几大模块，分门别类地填写相应内容。

确实区分不开的内容，可以先放到一个“暂定类”。等这个暂定类的内容积累得足够多，再进行一次整理，切分成一个或者几个模块。

有细水长流的意识。

建立知识工作手册模块之初，也许里面什么内容都没有。这不重要，毕竟每个人的经验和阅历都会有所欠缺，没必要强求一次性做完善。

只要细水长流地积累，内容一定会越来越丰富，最终达成聚沙成塔的效果。

如果急功近利，只会适得其反。毕竟，知识工作手册也需要总结、梳理，没有时间做保障，手册里的内容经不起推敲。

有迭代思维。

写知识工作手册，要带着迭代的思维。

只是机械性地把每一周获得的认知填写进去，却不进行归纳和梳理，这些知识只是碎片化地堆砌在一起，就难以形成系统性的知识。

把新的认知放到相应的模块里，并进行归纳合并，这样的知识工作手册才有价值。

有识别的能力。

归纳整理知识工作手册，有时会发现，新认知和旧认知产生了冲突。不要畏惧冲突，这恰恰是学习成长最重要的契机。

学会识别两者的区别，留下更好的、更认同的那个认知。

可以有意识地备注一些实际案例，比如，某年某月某日帮别人做了一件什么事。未来再跟别人讲的时候，就不至于干巴巴的。

有复盘的意识。

知识工作手册的迭代，不仅体现在每次添加新的认知，还要有意识地做复盘。

每半年到一年，至少要做一次复盘。复盘的过程，就是对知识工作手册更加内化的过程。

这个时候，知识工作手册还会成为你检视自我知识储备是否完善的 CT 透视仪。

就我们多年来与各行各业的大佬们交流的经验来看，有知识工作手册的人，能力和财富往往会呈指数级增长。

知识工作手册是出书弯道超车的秘诀

有了知识工作手册，你就有了内容；有了知识工作手册，你就有了专业的符号和标签，有了写书的基本条件。你把知识工作手册拿出来，梳理、提炼、编辑一下，就能形成可供出版的图书底稿。你就能真正做到一年顶三年，一年顶五年，甚至一年顶十年。

没有知识工作手册的作者，要从头构思选题、框架、内容等，耗费的时间很多，有的作者甚至一年也写不完一本书。

与没有知识工作手册的作者相比，有知识工作手册的作者出书速度要快得多。

当然，每个人做自己的知识工作手册都可能摸索出属于自己的方法。下面我从出书的角度，给大家提供几个基本维度的参考：

认知模块。

认知是故事中得到的心得感悟，是金句，是对一件事的记忆。

要把“事实＋感悟”通过金句呈现出来。

干货模块。

干货怎么用，有什么注意事项。记录的是做事情的方法、工具和步骤。

流程管控模块。

无论工具书还是行业教科书，SOP 都是最重要的大纲和准则。大多数工作，如果遵循流程，工作效率会更高。

作者的知识工作手册里，如果包含这三个模块，就能相对轻松地出版一本书。它是爆款畅销书的基础。

所谓“万丈高楼平地起”，夯实“知识工作手册”这个基础，一切皆有可能。

知识工作手册是自我认知的记录和梳理，只要产生新的认知，就可以记录下来。

比如，读一本书获得的感悟，跟别人学习获得的经验，实践当中获得的方法，等等。只要跟你的工作有关，都可以融入你的知识工作手册。

我们看重的，应该是这个自我觉察和检视的契机，努力提升自己在日常工作生活中的觉知力，而不是写作的文采。先记录起来才是最重要的事。

读到这里，你还觉得知识工作手册很难吗？如果依然觉得很难，就把它当作难而正确的事去做。请相信我们，一开始也许很难，但越做到后面，你的工作、生活就越容易。

超级畅销书与文化潜流

所有的畅销书，都是流行读物，它们既反映了时代特点，又有自身的文化特质。

一本书能流行，一定是满足了读者的某种需求。读者共性的需求背后，我们更应该关注的是文化潜流。所谓“文化潜流”，就是社会趋势之下的潜在文化流行要素。

谁能抓住文化潜流，谁的书就能够成为超级畅销书。

比如，《认知觉醒》的作者周岭，他这本书的内容满足了思维升级、认知破局的内在需求，符合当下时代需要的文化潜流，这本书也就成了超级畅销书。

从社会趋势看文化潜流

文化是属于时代的：一代人有一代人的情怀，一代人有一代人的话语体系，一代人有一代人的知识偶像。

时代背景和社会潮流，往往影响着文化趋势的发展方向。

比如，2023 年，李梦霁老师出版了一本书，叫《允许一切发生》。

这本书传递的价值观，与早先出版的一本畅销书《一切都是最好的安排》（加措著），其实是相似的。

《允许一切发生》能够畅销，我们做了这样的分析：

两本书主打的概念虽然相似，却有些许不同。《允许一切发生》，是我允许这一切发生，主动权在自己手里；《一切都是最好的安排》，却显得比较被动，主动权不在自己手里。从“被动”到“主动”，说明大众的自我意识越来越强，《允许一切发生》恰恰符合了大众自我意识觉醒的社会趋势。

创作及出版一本书时，要有意识地捕捉社会发展趋势，它的背后，是整个社会群体的底层心理变化和底层需求变化。这些变化，构成了文化产品出爆款的可能性。

比如，2001 年，中国正式加入 WTO（世界贸易组织）。彼时，各行各业的人，都想在世界舞台上展示自己，都想向全世界学习，外企的高管和经理，最容易引人关注。

像一些从外企出来的创始人，很容易成为 80 后的导师和偶像。于是，例如《做最好的自己》等，会成为畅销书。

伴随着高速发展，中国在很多领域，逐渐领先于其他国家。90 后充满了文化自信，不再像当初的 80 后那样，急切地想向国外学习先进的技术和经验，也不需要高高在上的导师。他们喜欢平等的感觉，希望别人能和他们共情。刘同的《谁的青春不迷茫》、张嘉佳的《从你的全世界路过》、卢思浩的《漫长的旅途》等，应运而生。

超级畅销书是流行作品，是一个时代典型特点的集中展示。

关注社会趋势和文化潜流的变化，对畅销书的创作大有裨益。

如何洞察文化潜流

好的内容创作者，出版编辑也好，短视频操盘手也好，新媒体运营也好，都应该学会洞察文化潜流，这是打造内容爆款的必经之路。

摆脱惯性，向有价值的人学习。

作为一个出版人，永远不要被资源束缚。

一位有价值的作家，有没有资源不重要，他个人的特质以及他要表达的内容，才是决定书籍质量的根本。

摆脱惯性，研究时代的潮流，在不断摸索中，去感受文化潜流，不断挖掘符合潮流的有价值的作者，传播他们的价值观。

不要活在对传统权威崇拜带来的桎梏中，那些新兴的创业者、企业家、IP 等，都是重点关注对象。

他们的新思想和新观点，才是时代的主旋律，才是文化潜流的聚集地，抓住它们才能引发新的社会热点，形成新的文化趋势。

摆脱傲慢，向年轻人学习。

新鲜的事物和潮流趋势，一般掌握在年轻人手里。想洞察文化潜流，要多跟年轻人交朋友。

对此，某中文网的董事长曾说：

“向 90 后献上膝盖，向 95 后献上膝盖。”

有些人年纪轻轻就成为经典畅销书作者，不妨想一想，当年明月写《明朝那些事儿》、南派三叔写《盗墓笔记》的年龄是多大。

作为内容策划人，我们一直保持着向年轻人学习的习惯，我们的很多合伙人、合作伙伴都是年轻人，连我们的操盘手都是95后。向年轻人学习，真的非常有趣，生命力变得更加旺盛。

一个有生命力的作家，也一定会不断地跟年轻人交流、学习。他的语言体系，会不断迭代，保持年轻感。

摆脱偏见，向你觉得low[①]的东西学习。

人的认知往往存在偏差，当偏差变成偏见，你写的书，会很容易被时代抛弃。

比如，有些东西你觉得很low，没有价值，不去看，也不去写，完全将它们屏蔽掉，甚至对这些东西口诛笔伐，类似这种带有偏见的作品，主观色彩浓厚，很难得到大众的认可。

有时，你看不上的、觉得很low的东西，也许正蕴含着你没有的认知，它反而能激发你的创作灵感。

摆脱固有行业的局限，向相关行业学习。

想对文化潜流有更多的感知和理解，不妨有意识地关注整个大内容的相关行业的内容创作。

比如，研究一下影视剧和综艺节目的题材、结构和文化内

---

① low，作为英文单词，原意为低的，矮小的，作为网络流行词，指差劲，落伍，低端，低级，带有贬义色彩。

涵，找到它们的共性，进而分析文化潜流。这也是我为什么强烈给大家推荐《情绪引爆点》这本书的原因，因为作者李勇老师真的是跨媒介洞察内容本质的高手，相信这本书能拉宽你看待内容底层逻辑的框架。

查理·芒格说过，一个人，除了在专业领域精进以外，还要了解重要学科的重要理论。洞察重要行业的重要趋势，可以发现很多创新的机会，抓住趋势的机会。

如此一来，你更有机会站在风口上看世界，不只书畅销，你甚至有可能开辟一个新的领域，创造新的认知。

以上四点是出版人、内容策划人、畅销书作家洞察文化潜流的重要途径。用好它们，你将更容易创作出符合文化潜流的作品。

超级爆款案例背后的文化需求的潜流透析。

2009 年至 2012 年，我在磨铁图书做第二编辑中心总经理，带领团队出版了 500 多本书。我们把所有出版的书都梳理了一遍，发现能畅销的书都具备两个特点：

一是基本功能点，二是基本情绪点。

基本功能点，是大众需要的基础能力，包括沟通、学习、思维、销售、谈判、心理学等。

基本情绪点，是大众普遍存在的情绪，包括爱、恨、怨、仇等。

当初，我们为古典老师做《拆掉思维里的墙》，正是基于“思维”这个基本功能点，同时看到了读者对“墙”的不满情绪。

两者叠加在一起，让这本书有了成为畅销书的基础。

更关键的，是这本书提出了一个新的概念——职业生涯。

这本书出现之前的商业书，基本是管理类书籍，大多告诉年轻人“为谁工作”。作为新东方的精英，古典老师讲新精英职场，讲职业生涯，给职场人成长和精进的方向，本身是符合身份定位的。

加之，在个体崛起的时代，每个人都渴望拿回职业生涯的主动权。

整体而言，《拆掉思维里的墙》具备了畅销书的基本特点，符合底层的趋势背景。各种因素叠加在一起，它成了一本超级畅销书。

所有的行业、所有的基本功能点及基本情绪点，都会循环和轮回。每个做内容的人，都有自己的机会。所以，我们并不主张大家过度研究趋势、追逐风口。只要做好自己该做的，静静等风来，才是更好的策略。

社会持续进化的趋势下，所有行业都有着符合潜在文化流行趋势的因子。所谓“外行看热闹，内行看门道”，普通人只是看到趋势本身，真正的行家却能透过趋势，看到潜在用户的需求在哪里，变成产品的机会又有哪些。

如果你想成为市场常青树一样常青的内容创作者，就需要有洞察文化潜流的能力。

持续洞察时，不妨自问一下：你看到了哪些社会发展趋势，又做了哪些正确的预判？能不能试着对当下的流行趋势，或者未来三至五年的流行趋势，做一些预判？思考一下，在你所在的领域，你将如何应对。

第二章【策划篇】

爆款畅销书的策划、创意和制作设计

一本代表作的定位是个人IP的战略定位！取乎其上，得乎其中！

精准定位，“击穿”大众心智

很多朋友都认同这句话：“定位定生死。”但是，我们如何进一步理解它呢？

在我的个人代表作《定位高手》里，我就讲到这样一个逻辑：人生定位决定职业定位，职业定位决定 IP 定位，IP 定位又决定了一本作为你的代表作的书的定位。

从个人定位的角度来说，一个人，首先要知道自己想要什么，想不想要决定适不适合。先弄清楚想活出怎样的人生，想为这个世界创造什么样的价值，才去想我怎么去活出自己，才可能知道什么样的职业适合自己，什么样的职业不适合自己。

我从大学毕业的那一刻，就觉得自己喜欢自由地发挥心中所想，不喜欢被约束，是那种在宫斗剧里活不过三集的人。所以，我从来没有在所谓规章制度森严的外企、超大企业工作过。这是我为什么能在比较活跃和市场化的民营出版行业一干就是 20 多年的原因。

我在创业的至暗时刻问过自己一个问题：我想要的人生状态到底是怎样的？一个声音就冒了出来：我能不能和别人唠嗑聊天就能赚到钱？

我想见有趣的人，聊有意思的天，传播有价值的内容！

就这样一个小小的内在动机，让我重新出发，让现在的公司再度向上。我现在已是走在实现那个小想法的道路上，它也是我面对很多重要抉择时，选择做什么和不做什么的重要标尺。

这就是人生定位决定你的职业定位。

如果你要打造个人 IP，也不能脱离自己的职业定位。因为个人 IP 的本质是你个人能力的放大器，你的个人能力的积累源自你的职业积累。

当然，现实情况是，很多朋友的 IP 定位和职业定位之间，有时是冲突的：一种是主业做得越好，越没有时间做 IP；另一种是 IP 做得越好，越没有时间做主业。一旦遇到这种冲突，你可以先静下心来思考一下自己的职业定位，基于职业定位去思考 IP 定位。千万不要把职业选择的问题，在表层上变成了 IP 打造的问题。

有了清晰的 IP 定位之后，你能输出什么内容，能提供什么价值，渴望什么样的社交连接也就清楚了。这个时候，你要出一本代表你自己的书，目标群体、内容方向、底层价值也就清晰了。这就是 IP 定位决定对你自己而言最重要的一本书的定位。

三个常见的定位误区

在与作者的沟通及合作中，我们看到很多新手作者经常陷入误区。对此，我们认真梳理和总结了常见的三个误区。

误区一：把战略问题和战术问题混为一谈。

战略问题，是想不想要，是为什么，是价值观、使命等“根”的问题；战术问题，是适不适合，是怎么做，是商业模式、产品策略、变现链路等“枝干”的问题。

考虑个人战略的时候，你需要抛开你拥有的很多资源、人脉和自以为的束缚，而不是陷入自己有什么和没什么的细枝末节上，更不要被怎么干的问题干扰。要知道，想明白了，方法总比问题多，所有“怎么办”的答案都在“为什么”里面。

把战略问题和战术问题混为一谈，就是明明应该思考要不要做，却去想怎么做；应该思考怎么做时，又纠结于要不要做。

比如，我们遇到的部分作者，他们很想写一本书来提升影响力。

可是在下笔之前，他们不去想要不要写一本畅销书来提升影响力，而一直在想自己怎么写内容才会受读者的欢迎。

下笔之后呢，他们本来应该思考，怎样才能把自己想写的内容写得更精彩，吸引读者，但一直思考的是，要不要写一本畅销书来完成破圈。

我们在帮很多 IP 老师、作者做个人定位咨询的过程中，通常一上来会问他们一个问题：设想一下，未来十年你在做一件什么事，理想的状态是什么，如果都可以实现，你希望那是件什么事？结果 90% 的老师回答不出来！

这就是“用战术上的勤奋掩盖了战略上的懒惰”。看似每天都努力地写作，实际却做了很多无效的工作。延展开来说，我们的人生很多时候，又何尝不是如此呢？

误区二：关注适不适合，而不是想不想要。

有的作者会问我，“刘 Sir，您觉得我适合做什么？”或者是，“刘 Sir，我适合出一本什么样的书？”

实际上，这些问题本身就是错误的。当问题本身没有什么意义的时候，答案看上去再怎么正确，结果都可能不对。问出类似问题的作者，已经身陷误区中。某种程度上，他们把自己的人生主动权交给了别人。

想不想要决定适不适合，你要时刻拿回自己的人生主动权，在想不想要的基础上，再去思考适不适合。否则即便你这一次碰对了一个选项，未来还是可能会踩同样的坑。

十几年前，我们帮古典老师出版《拆掉思维里的墙》时，他的团队里有一个叫卷毛佟的老师。

当时，古典老师已经是职业规划领域的头部老师，那时候他刚刚开始创业。卷毛佟老师刚刚毕业，理论上来说，跟着古典老师学习和成长是最优选项。

可是，卷毛佟老师没有在古典老师身边待太久。他选择了自己喜欢的摄影行业，用六七年的时间，在摄影领域里深耕，成了一个有着 500 多万粉丝的大 V。

这就是稻盛和夫说的，“人生的一切都是自己内心的投射，一切始于心，终于心”。内在动机大于一切，你想要什么，喜欢什么，才是最重要的事。

哪怕你现在能力不足，只要你想，你就可以在这个领域里慢慢深耕，慢慢成长，慢慢收获，能力是可以培养出来的。

误区三：没有框架意识，盲目出书。

“框架之上找定位，定位之上看优势。”这也是我在《定位高手》这本书里特别强调的一条底层认知。

看清了属于你的人生地图，你才能更好地知道自己在哪里，要去哪里。你知道你在哪里，要去哪里，才知道如何把你的个性特质等资源变成你的优势发挥出来。

迁移到“写书”这件事情上，这个逻辑同样有效。

你要对读者、目标市场有一个更全面的框架认知，有一个宏观的大众视角，再回到你的 IP 定位，然后去构架一本最大化呈现你的价值和优势的书。

具体到一本书来说，你要有足够宽的框架，才能更好地思考你的 IP 定位，以及在写作、出版、推广一本书的过程中，如何最大化地发挥书的优势。

没有框架，就没有定位，就相当于缺乏整体思维，以及用一根线把一切串起来的思维，无法把书与拍短视频、做直播、发售等其他环节串联起来成为一个整体，为提升你的 IP 增加效能。如果你不能让一件事情串联多重价值，只是一就是一，你在打造个人 IP 效能的时候，就已经输在了起跑线上。一旦出现这种情况，你不仅写书的动力不足，也很难产生动力去推这本书，毕竟投入产出比极不划算。

如果有框架意识，能将各个环节有效串联起来，写书、出书和推书就有了更多的意义。

书的定位的梳理就是你的个人 IP 定位的战略梳理，这个时候你是站在一个更高的框架之上看定位。

写书的过程，就是你系统梳理自我认知的过程。这个时候，你拉宽了框架，让自己更开阔。你可以一边写书，一边把写书的内容拍成短视频，变成直播话题、发朋友圈的内容，甚至社群分享的内容，你发现写书的过程就是多维度获得流量的过程。你写书的动力也就因此大大提升。

推书的过程，就是一次个人品牌能力的综合实战。这个时候，你有了一个打造个人 IP 的更宏观的视角。你卖书的时候，也会更愿意做大事件营销，更愿意把不同的媒介串联起来推一本书，来放大品牌，做高客单转化。

框架清晰了，定位也就清晰了。定位越清晰，你就越能自如地活在自己的优势上，越容易成为独一无二的自己。

如何从个人 IP 打造的整体框架上看待一本书的定位？

只要你打算做个人 IP，就一定要知道什么是名片三件套，什么是一对多的三件套，什么是一对一的三件套。有了这个框架，你就不会觉得 IP 打造有多复杂。下面我来和大家具体讲一讲。

一个 IP，非常需要名片三件套。

第一张名片：公域的流量入口。

包括三条置顶短视频，分别介绍你是谁、你能为别人提供什么价值、为什么你值得信任。它们分别对应的，是你的个人生命故事、你能够提供的产品或服务，以及你的愿景、使命和价值观。

置顶的目的，是像名片一样，可以更多地呈现与你有关的信息。那些在公域上刷到你爆款短视频的用户，可以借此对你有进一步的了解，然后决定要不要关注你，要不要进一步和你产生连接。

第二张名片：私域的转化名片。

这张名片包括一封介绍信、你的一张个人海报，以及一个与你的服务内容相关的福利工具。

用户加了你的微信之后，把这三条内容发给他，可以帮你快速筛选哪些是可以进一步链接的高价值客户。

第三张名片：流动的社交名片。

一本代表作，就是你流动的社交名片。因为它可以运用的场景实在是太多太多，前面我们已经讲了很多，不再赘述。

另外，你还需要一对多的三件套以及一对一的三件套。

一对多的三件套，指的是一场公开课、一个录播课、一个圈子产品或者一个训练营产品。分别对应着免费、几十块钱的低客单产品，以及从几百到上万元不等的高客单产品。

一对一的三件套，包括单次的咨询、一对一的陪跑，以及一对一的全案落地。这是针对性服务方案，客单价相对更高。

定位要垂直，内容是漏斗，知识要分层。这三个三件套，形成了“九位一体”的框架，是一个知识 IP 打造自己的底层逻辑闭环。有了这个框架，你就可以更加清晰地知道，书作为一张流动的社交名片，怎么跟其他两张名片，以及后端的一对多的产品或一对一的服务结合起来，真正实现一本书的价值最大化。

以书为锚，一个 IP 就可以跨越整个生命周期。

三张图，搞懂你的一本代表作

一个作者最重要的一本书，一定是自己的一本代表作。对一本代表作的定位思考离不开人生三问、自我稀缺性的透视与内容框架的梳理。下面，我通过三张图，用画圈的方式，希望能帮助你在不陷入复杂的同时，看清自己。

图一：“三问自己”原则图。解决想不想要的问题。

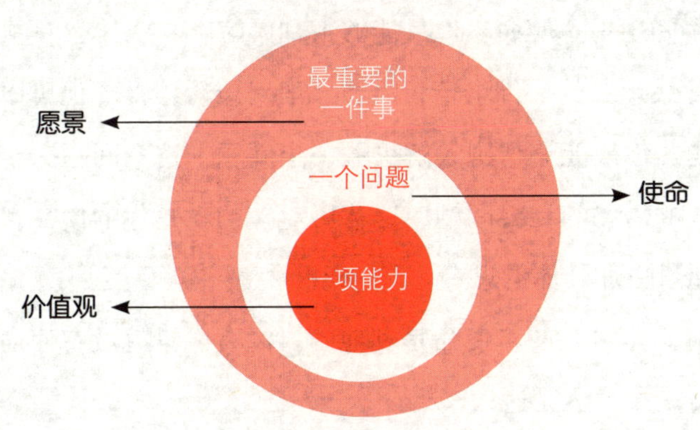

这张图里有一个逻辑，就是你想做的一件事决定你最能解决的一个社会问题，你最能解决的一个社会问题背后对应着你的核心能力，也帮我们理清楚了愿景、使命与价值观的关系。**愿景决定使命，使命决定价值观。**

最外层——愿景：你最重要的一件事情是什么？

对于你最想做的一件事情的底层动机，反映的是你的愿景。愿景看上去很虚，但是这世界本身就是以虚驭实的。人的一生中有很多可以做的事，不妨拉长时间轴，以终为始地思考一下，或是大胆想象一下：你最想做一件什么样的事情？或者说如果这一辈子你只能做一件事的话，你会做什么？如果你知道做什么了，你会有什么样的一个让自己一听就内心澎湃的蓝图描述？

比如，以书和课为媒介，为老师、知识 IP、作家和创始人赋能。影响有影响力的人，成就想要成就他人的人，让有沉淀的好内容走进千家万户，这就是一种好的愿景。

中间层——使命：你最能够帮别人解决一个什么问题？

你最想做的一件事情背后，一般对应着很多个你可以解决的问题。你最能够帮别人解决哪一个问题？这个问题一定是基于他人的需要的社会问题，这背后对应的就是你的使命，使命是比愿景更加具体的思考。

愿景是自我的，使命是利他的。没有愿景就没有使命，这叫悦己悦人，达己达人。

最内层——价值观：你最核心的一项能力是什么？

你最能为别人解决的一个问题，背后一定有必备的能力做支撑。你最核心的一项能力，背后反映的是你的价值观。它是通过你的能力显化出来的产品和服务体现出来的。

没有你想要解决的社会问题，就不可能有你想锤炼的能力。同样，没有使命就没有价值观。

关注定位的人，一定是注重人生战略、长期价值、自我能力积累的人，是愿意跟时间做朋友的人，是愿意相信少就是多、慢就是快、后发先至的人。他们与我的价值观是相符的，我也愿意为他们赋能。

我们思考问题的时候，可以从虚到实。以上这三个圈对应的思考，是一个层层递进的过程。

图二：稀缺性公式图。解决适不适合的问题。

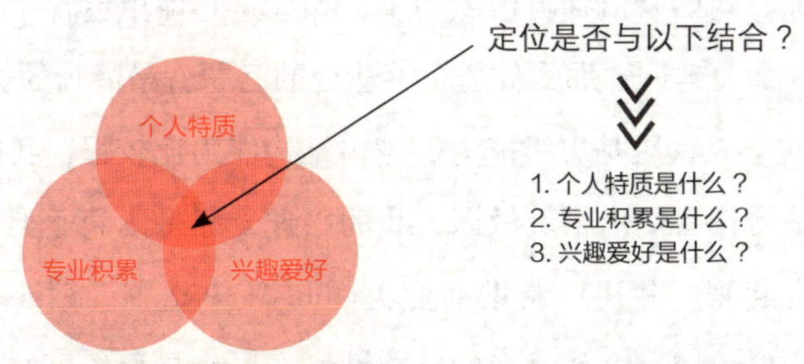

画三个圈，分别代表你的个人特质、专业积累和兴趣爱好。

有一次我刷到一条短视频，提到：简单、专注、可持续是这个时代下个体成事的基本心法。我当时心头一颤，深有共鸣。

在《定位高手》里，我讲过一个稀缺性公式图，里面也有这三个圈。经过这段时间的复盘和迭代，我有了更深刻的理解——满足这三个圈的结合部，就可以做到简单、专注、可持续。

与你的个性特质相匹配的事情，你做起来才会觉得简单；简单的事情，你做起来才会感到快乐。

专业积累，是你1万小时积累来的专业能力。只有专注其中，你才能在一个领域积累这么久。

有句大家经常说的话，“兴趣是最好的老师”。感兴趣的事情，才能激发动力，你才会持续做下去。

可以说，这三个圈的结合部，就是简单、专注、可持续的结合部，也就是个人的稀缺性所在，是你个人清晰定位的体现。

大家也可以画三个圈，每个圈里把你认为与自己的个性特质、专业积累、兴趣爱好有关的关键词尽可能穷尽地填写进去，然后提炼一句话来概括自己做的事，如果这句话里包含了每个圈里的一个关键词，那么你适合不适合的问题就是清晰的。

我的个人特质是思维能力、逻辑结构能力比较强，我的专业积累是帮作者们出书、做课，我的兴趣爱好是读商业类的书籍，结合起来，我可以帮助商业类的知识IP出书、做课和做有关的定位梳理，这就是我的稀缺性所在，也是我成事的“甜蜜区”。

把想不想的问题和适合不适合的问题相互印证一下，只要逻辑是清晰的，就意味着你的定位是清晰的。

图三：搭建框架的四个圈。解决内容输出的问题。

把想不想要的问题和适不适合的问题梳理明白之后，我们会给作者们另一张图——搭建图书框架的四个圈。这四个圈里的结合部，就是一本代表作里最应该输出的内容。

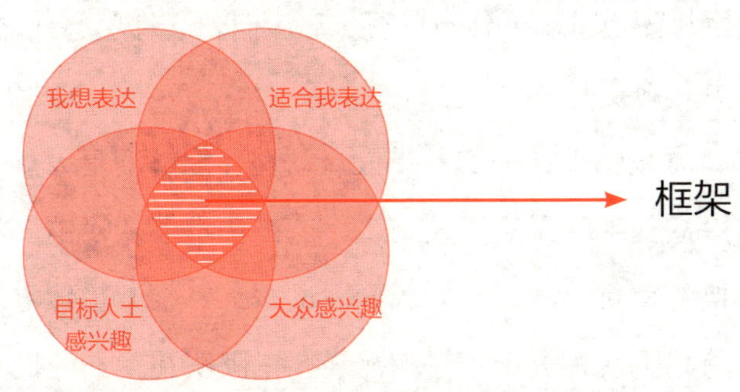

第一个圈：我想表达。

每个作者，都有自己想要表达的内容，这是你自身特色的体现。你对某个领域的知识有很强烈的表达欲，讲起来特别兴奋，特别顺畅，整体氛围都很好，那你在输出书的内容时，也会是比较流畅的。

第二个圈：适合我表达。

想表达的内容，不一定全都适合表达。为什么只有你能讲，别人不能讲？这就跟你的人设、你的定位有关，跟你的稀缺性有关。稀缺性强，有强而有力的背书，用户就会相信你，你就能够打破用户的心理防线，也就更容易拉近你跟用户之间的距离。他们买你的书、买你的产品、买你的任何东西，都是水到渠成的事情。

第三个圈：大众感兴趣。

读一本真正的好书，就像是作者跟没见面的读者之间的隔空对话。作者的“天线”在这边发射信号，读者那边调到同一个频道，接收信号。作者输出的内容如果是读者感兴趣的内容，能在书里解决读者的痛点问题，那你们就能够更好地隔空对话，更有灵魂地交流。

一本畅销书，一定是受大众欢迎、能够满足大众需求的。没有大众基础就无法“破圈”。这是一本书从畅销、常销到成为经典的重要保障。我们翻开《论语》，翻开《传习录》，就好像跨越了几百上千年，和孔子、王阳明在无形的世界当中见面、交谈一样。这也是十多年前磨铁的创始人、我的前老板沈浩波跟我讲到的一条内容输出的基本原则：**通俗，通俗，再通俗，是一条永无止境的道路。**

第四个圈：目标人士感兴趣。

大众感兴趣以外，目标人士感兴趣既是确保一本代表作能够畅销，也是确保作者价值最大化的必备要素。

因为创始人或知识 IP 出书的目的，一定是让特定人群跟你产生特定的高价值的连接。脱离了你的目标人群的创作，都毫无意义。只有确保这本代表作是你的目标读者感兴趣的，创作和出版才有意义。

上面这四个圈的结合部，就是你在一本大众代表作里最需要输出的内容。

具体怎么做呢?

我们经常跟作者讲，你可以列出你在自己想出的书里希望解决的 100 个问题，以这四个圈为标准，为每个问题做上标记，然后进行分类和归纳。

我想表达是 1，适合我表达是 2，大众感兴趣是 3，目标人士感兴趣是 4。凡是同时被标注 1、2、3、4 的问题，就是你可以在一本大众代表作里面表达、呈现的内容。这样梳理之后，你会发现，书籍的选题定位和框架都清晰了。

在这个时候，我相信有些老师会问：怎么做到既让大众感兴趣，又让目标人士感兴趣?两者会不会相互排斥，或者不存在多大的交集?

在这里，可以补充一点我们实战过程中总结出来的经验：创始人或知识 IP 的认知，往往是大众能听得懂的，探讨为什么的问题往往是大众和目标人士都可以获得启发的。而底层的认知和为什么的问题，往往才是一本书最有价值的部分。

还是那句话，所有“怎么办”的答案都在“为什么”里面。而我们认为的很多干货，越具体是“怎么办”，往往受众范围越狭窄，从一本书为媒介载体来评判价值，反而没那么大。这些“怎么办”的干货，如果放在一个 IP 后端的高客单课程里，反而就是各归其位。这就是“价值与价格相对等”原则，才是真正的价值充分的体现。

愿景、使命和价值观是定位的核心。出书的过程中，你要敢有大的愿景。连畅想未来都不敢，你自然没办法做好当下。这就是取乎其上得乎其中，取乎其中得乎其下。我们要抬头看天，还要低头走路。既要在战略上藐视一切对手，又要在战术上重视一切对手。你的对手，就是你的定位。把定位搞清楚了，不仅你的人生可以跟时间做朋友，你的书也会成为时间的朋友，从而真正做到人书合一。

最后，你不妨问问自己：你的愿景是什么？你的使命是什么？你的价值观是什么？你人生中最重要的一件事情是什么？你最能够帮别人解决的一个问题是什么？你最核心的能力是什么？当你想明白这些问题的时候，书的定位自然而然就出来了。

好选题是怎么产生的

书的定位清晰了，策划一个好的选题，是打造爆款畅销书的另一个重点。

好的选题，来源于生活的各个方面。

爆款短视频的选题，有可能是一本好书的选题；大众热点和热搜背后的底层关键词，也可能构成一个爆款选题。

想找到一个比较好的选题，一定要关注日常生活中大众关注的一些人和事，或者自己感触很深的一些人和事。

我的好朋友，也是我一起策划书的搭档朱笛老师在策划刘称莲老师的《陪孩子走过小学六年》《陪孩子走过初中三年》《陪孩子走过高中三年》这一系列图书时，她的灵感就来自她自己遇到的孩子学习的问题。

调研之后，她发现，很多家长也存在相同的问题。孩子学习的问题就变成了大众性的问题，具有非常广泛的需求。这一系列爆款图书选题，也就产生了。

她 10 年内策划了 100 本书，平均销量在 10 万册以上。她为什么能做到这个成绩？她说的一句话是，“我的策划，基本是我以自我为中心的策划”。

她这句话的意思，其实就是以自我需求为中心，以自我真实的感受为中心，这就让一本书的策划不脱离“人味”。我认为这个观点，放在作者的代表作写作，一个 IP 的个人打造上，同样适用。

好选题的标准是什么

“好”的标准、定义，因视角的不同而不同。

对出版方来说，一个有大众需求的选题能获得更多的社会效益和经济效益，一般是好选题。

作者更多地考虑自己想表达什么，能为读者带来什么，好的选题一定是有他个人特色的选题。

我们常常跟作者说，一定要出一本代表作。哪怕这本书的销量没有预期中那么高，但对作者来说也有意义。

一本代表作的选题，哪怕再大众，也要符合作者的个人定位。它必须能代表作者的人生体悟，代表作者的底层认知，代表作者的品牌故事。也就是说，好的选题，一定要从自身 IP 定位的角度出发去考虑。

基本功能点 + 基本情绪点

好选题并非想象中那么高大上，就是紧抓两点：一个是大众的基本功能点，一个是大众的基本情绪点。

基本功能点，指的是成长、习惯、销售、育儿、谈判、管理、心理学之类，能够满足读者基本功能需求的点，能为特定人群解决特定问题。

像李柘远的《学习高手》，筝小钱的《如何有效阅读一本书》等，就是很典型的对基本功能点的体现。

基本情绪点，也很好理解，就是满足读者常见的一些基本情绪需求，像被尊重、被理解、被认同、被接纳等。

很多虚构类的作品，主要体现了基本情绪点。逆袭类的小说，满足了每个人都想逆天改命的基本情绪点；言情类小说，满足了人们探索爱情、善良和美的基本情绪点。

当然，非虚构类的作品，也有主打情绪点的，特别是励志类的书。像房琪的《真希望你也喜欢自己》，李梦霁的《允许一切发生》，木木的《淡定的人生不寂寞》，李思圆的《生活需要仪式感》，刘同的《谁的青春不迷茫》，等等。

在基本情绪点的洞察上，我给大家推荐一本书，李勇老师的《情绪引爆点》。我非常认可他的一个观点，他从跨媒介内容的高维角度讲述了情绪引爆的底层逻辑，给大家提供了情绪引爆的九大基本点：社交、榜样、怀旧、逆袭、反权威与说教、形象、普通人、女性话题、财富。

下面我就九大情绪引爆基本点，分别列举一本超级畅销书的案例，供大家参考。

《自控力》——人性与互联网的对抗——社交

《史蒂夫·乔布斯传》——人类榜样的精神鼓励——榜样

《回忆是一种淡淡的痛》——共同对过往的情绪同频——怀旧

《人生不设限》——我命由我不由天——逆袭

《每天演好一个情绪稳定的成年人》——年轻人对自我的重新定义——反权威与说教

《你的形象价值百万》——形象价值的重新定义——形象

《允许一切发生》——重大事件之后的信心重拾——普通人

《基层女性》——女性崛起背后自我价值的本质探讨——女性话题

《人人都需要的销售演讲力》——流量均值回归下个人能力与财富探索的新的可能——财富

人类的需求是共通的，无论是对功能的需求，还是对情绪的需求。当你理解了这些基本功能点和基本情绪点，你就能找到更符合大众需求的好选题。这也是一个专业的作家和内容从业者的自我修养。

最后，对于知识类作品的创作而言，你一定要知道的是，再基本的需求也可以赋予它情绪。知识类的超级爆款畅销书大多是基本情绪点和基本功能点兼顾的。这也是我说三流的书卖噱头、二流的书卖功能性、一流的书卖价值观的原因。

好选题的策划方法

好选题的来源，多种多样，我们常用的策划方法，是在日常工作和生活中，不断地观察、感悟、总结基本功能点和基本情绪点。

看购书网站的图书排行榜。

所有的购书网站，都有图书的基本分类。一本书卖的是什么功能，卖的是什么情绪，通过看分类，可以一目了然。

不同分类有各自的畅销书榜单，你可以找到那些跟你想写的书类似的畅销书作为参考。不用担心这个选题已经爆过，爆过的选题可以再爆一次。而且这个选题能畅销，说明其功能点或者情绪点已经被市场验证过了，基于这些点去做，至少选题方向上不会出错。

很多作者想创新，非要写一个市面上没出现过的选题，其实这种想法是错的。尽管时代在变，人在变，但人的基本需求是不变的。脱离用户需求去创新，失败概率往往更大。

高频搜索的基本关键词。

除了网站上的图书分类和排行榜，被高频搜索的基本关键词，像是沟通、销售、谈判、心理学等，也是用户关注的重点，可以从中挖掘选题。

搜索的过程中，要有跨界叠加的能力。把不同的基本功能点进行叠加，把基本功能点和基本情绪点叠加，把你的兴趣爱好和专业积累相叠加，甚至可以再跟你的个性特质相叠加，等等，就会产生无穷无尽的好选题。

比如，销售是一个基本功能点，谈判、心理学也是基本功能点，把它们组合起来，做一个“销售谈判心理学”的选题，涉及销售、谈判和心理学。受众群体变大的同时，被受众搜索到的概率也变高了，是个不错的选题。

了解了基本关键词之后，你就会发现，它们之间的组合是无穷无尽的。

做用户调研。

确定选题的时候，粉丝、客户、朋友都是你的一面镜子。我们可以通过用户调研对自己的选题做一个印证和启发。

我们在与作者共创出书的时候，经常会让作者们做一个基本动作——用户调研。让他们去问问自己身边的人：“假设我要写一本代表作，能够为你解答的问题有哪些？”“我身上的哪些特质是最能够吸引你们的？”“我身上有哪些价值是最能够给到你们的？你们有什么需求？”等。

调研的过程中，我们收到大量来自目标读者的反馈。基于这些反馈，作者对自己的认知会更加清晰，在选题上的梳理也会更加清晰。

创作是有模型的。

我们曾经和内容行业的营销高手李勇老师，共创了《情绪引爆点》这本书。他给我们看过一个很像元素周期表的图表，里面是内容创作的各种元素。他说，很多好莱坞大片，都是结构化创作的。

在各种技术和工具的支持下，内容行业已经有很多规律化的总结。比如，运用 ChatGPT 时，只要输入内容，就可以自动生成图片和画面，其实就是人工智能把短信息数字化、标签化了，甚至连关键词都结构化了。

也就是说，这些工具可以为选题策划提供一定的模型，让作者有更多的选择和方法。

与好编辑多交流。

图书市场是动态变化的，每一年甚至每个月，流行趋势都是不一样的，营销打法也会有所不同。任何一个细节没做好，都可能出现“差之毫厘，谬以千里”的情况。

在选题策划方面，作者的经验和能力都是有限的，一个好编辑的大脑里，则是有数据库和样本库的。找一个好编辑，甚至有可能的话，找到一个好的内容策划团队交流，对作者确定选题也很重要。

当你理解了上面的这些内容，就会明白，为什么不能盲目地确定选题，为什么基于基本功能点和基本情绪点确定的选题，会自带长期的价值属性。

一个好的选题，背后必然体现了大众需求。这就需要作者真正地关注社会趋势和文化潜流，真正地对社会进行深度观察和思考，真正地认真研究市场上的爆款选题。

好的选题，一定是从生活中来的；好的创作，必须到生活中去。我们要在生活当中去观察，要对生活有深入的思考。找到大家共通的情感、共通的需求，再根据市场分析和判断，就能够产生好的选题。

可以时常问问自己：平时会关注生活中的哪类问题？关注过的问题中，哪些让自己有共通的情感，感觉可以把它们变成书的选题？不妨列 3~5 个出来。这是内容工作者平时应该要做的刻意练习。

书名决定一本书的生死

在策划书名的时候，有些人会把书名和选题混为一谈。

对书名的策划，确实与选题定位有关，选题定位越清晰，书名的策划就越容易。书名的策划依托于选题名，但是，书名并不完全等同于选题名。

一本书的书名，就像一个人的人名一样，是一个具有代表性的符号。好的书名，应该体现作者的风格调性及价值主张，是对选题的凝练和升华。它要符合作者的人设，也要符合作品的类型，还要符合读者群体的需求。

书名是一场层层推导的、深度的系统策划。

书名是一场层层推导的、深度的系统策划。书名策划得不对，一切努力都是白费。

要在书名方向确定之后，再去考虑内容的构建、营销策划等后续动作。

书名是让用户选择你、记住你、帮你传的枢纽，是整体出版思路的高度凝练，贯穿了一本书出版战略的每一个环节。

比较容易理解的是，你连书名都不知道的话，文案肯定是写不出来的。从营销推广的角度来讲，书名如果具备自传播属性，营销会变得更加简单。

从读者的角度来说，他买一本书，第一眼看到的就是书名，如果书名没有吸引力，读者可能连看一眼的欲望都没有，就更不要说把书买回家了。

书名的来源

书名的诞生，是深度策划的结果，这就注定，一个好书名不会轻易出现，需要多维度地挖掘。

用户调研中收集到的问题或金句。

就像选题可以来自调研一样，书名也可以从用户调研中获取。在调研中收集到的一个问题或者一个金句、一个关键词，都有可能成为书名的来源。

日常生活中和别人的交流。

一本书的出版周期，通常有 10~12 个月。这段时间里，都可以构思书名。在生活的点点滴滴中，一直不经意地思考、酝酿这件事，把创意的种子一直装在大脑当中，可能偶然跟别人产生一次灵光一闪的碰撞，你的书名就出来了。

好的书名，一定是从日积月累中产生的，平常要多注重积累。像我们平常与作者讨论的时候，如果大家提到好的名字、金句，我们都会记录下来。久而久之，就有了一个没有出版的书名库。很多策划人，策划书名时可以做到张嘴就来，就是因为他们在日常生活中不断关注市场，持续酝酿、积累。

创作的过程中，作者高频提到的一句话。

策划人和作者探讨书名的时候，会有意识地询问作者的愿景、使命、价值观，或是他的一句标语口号。

作者经常讲的这句话，是他个人体悟的凝练总结，能很直接、有效地反映作者的内容价值，也是好书名的来源。

举个例子，我们和创客匠人的 CEO 蒋总策划《做长期正确的事》这本书之初，就去翻看了他上百条的朋友圈。结果发现，他经常说的一句话是“做难而正确的事”。其中的很多文案也是在诠释这句话。

我们隐隐觉得，这是一个很好的书名来源，把想法和蒋总说了。他听后，觉得非常认同。在多次推敲之后，书名最终确定为《做长期正确的事》。

从某种意义上说，“长期正确的事”基本可以等同于“难而正确的事”。“长期”这个词，与蒋总提倡的长期主义更为贴切，也没有“难”这个词反人性。而且，快钱越来越难赚，长期主义恰好可以成为大家的情绪出口。

可以预见的是，在未来的很长一段时间里，长期主义都会是大家关注的热点。

这个书名，是从蒋总高频说到的一句话中自然流淌出来的，符合蒋总的调性，也能满足市场的需求。

与编辑、策划人进行头脑风暴。

书名的重要性无须再次强调，作者重视书名也是一件好事。

然而，好书名的诞生，一定也非易事。对于书名，切不可急于求成，非要在一开始就确定下来。

在写完文稿、完成文案策划等一系列工作之后，参与这本书的所有人，都会有更加深刻的体会。此时，与编辑、策划人、作者一起，进行一场头脑风暴，书名也许自然而然就有了。

退一万步说，即便无法想出一个 100% 满意的书名，只要做到当下最好，就已经足够了。

起书名的原则

书名的提炼，与策划选题的逻辑基本是一样的。

或是在基本功能点上提炼带有价值观的书名，或是在基本情绪点上提炼有金句、不脱敏、符合当下用户心智的书名，抑或两者兼而有之。

一旦脱离这两个基本点，天马行空地起书名，结果十有八九都不好。好的书名，一定是层层递进地推导出来的。

一代人有一代人的话语体系。

简单点说，话语体系是指“语感”，也就是语言表达的感受。每个时代，都有不同的时代潮流。一代人的话语体系，显然会受当时那个时代潮流的影响。在选择书名时，不同时代的语感是非常重要的考量标准之一。

《做最好的自己》《世界因你不同》《真希望你也喜欢自己》这三本书，背后传递的价值观有异曲同工之妙，但话语体系却不相同。

《做最好的自己》，感觉是作者告诉你“要做最好的自己”，带有一定的说教感；《世界因你不同》，像是作者看到了你的不同，在肯定你，说教感弱了一些。《真希望你也喜欢自己》，感觉像是作者在和朋友聊天，带着恳求的语气说，“你很棒，希望你像我喜欢你一样喜欢自己”。

从要求到肯定再到恳求，从喜欢外企高管、商业精英，到喜欢邻家姐姐、邻家妹妹，背后的深层次原因是越来越多的人想要拿回自己的主动权，好的作者，能够感知并表达对这种需求的尊重。而书名，就是最直接的表达。

一代人有一代人的价值情怀。

价值情怀和话语体系有所不同，它体现的是每一代人的情感需求不同。

《淡定的人生不寂寞》，是人到中年才有的感悟，它的阅读群体会更广一点，长辈推荐给年轻人之后，年轻人可能也会买。

《谁的青春不迷茫》这本书，却是年轻人的情怀，年轻人更关注的是自己迷不迷茫，却不太关注人生是不是淡定。

其中体现的，就是一代人有一代人的价值情怀。

一段时间有一段时间的流行语。

有时候，也可以通过一个时代的流行语来策划书名。

白落梅的《你若安好便是晴天》、李思圆的《生活需要仪式感》、力克·胡哲的《人生不设限》等，都是当时那个时代的流行语。

现在，有很多出版人会花时间去研究网络上的流行语，甚至是日常生活中大家经常说的一句话，从中提炼好的书名。

一旦策划人把流行语变成书名，出版了一本书，这本书反过来又会促使这句话变得更为流行。

漫画作家郭斯特有一本书叫《梦想还是要有的，万一实现了呢》，这本书畅销之后，很多人把这个书名当成了一句口头语，它就变成了激励很多人的一句流行语。

流行文化会让大家产生认同，从流行元素里寻找书名，是一个很好用的原则。

带有熟悉中的陌生感。

每个人都喜欢熟悉的感觉，这让人觉得安全。好的书名，往往在熟悉中带着陌生感。

有一本超级畅销书叫《求医不如求己》。这个书名，其实是“求人不如求己”的变形。替换了一个字，就会给人一种熟悉中的陌生感，让读者无意之间记住了它。

我们之前策划过一本公版书——《你是那人间的四月天》。熟悉林徽因的人都知道，她的代表作是《你是人间的四月天》，市面上也有很多以此为书名的书。

这句话，我在刚到北京的时候就听到过。当时，我喜欢听《北京不眠夜》这个广播节目。主持人的声音非常好听，听起来很有治愈感。我听她读《你是人间的四月天》，感觉很美，脑海中产生了深刻的印象。

当我们要策划一本与林徽因有关的公版书时，很多读者对“你是人间的四月天”这句话，其实已经脱敏了。于是，我们在书名中加了一个“那”字。一字之差，韵味就不同了。

这本书上市之后，受到很多读者的欢迎，变成了一本畅销书。

一本书的书名，如果太过大白话、太过熟悉，未必是件好事。好的书名策划，具有熟悉又有点陌生的感觉，同时要避免用读者脱敏的金句。

看到不变的底层需求。

朋友们愿意买书，往往是期待通过读书解决自己遇到的某些问题。归根结底，是为了满足自己的某些底层需求。

比如，沟通类的书，一直都有刚需。《蔡康永的说话之道》《所谓高情商就是会说话》《非暴力沟通》《好好说话》等，在不同的时代出现，都能成为畅销书。

只是在不同的时代，有时候底层需求会有迭代的过程，以及侧重点的变化。

像财富、成长、精神这样的底层需求，任何时代都会存在。

当然，需求是动态变化的，跟社会发展的层次有关。财富水平比较低的时候，人们对挣钱会有更多的需求，财经类的书就有畅销的可能。财富水平达到一定程度，人们会对精神层面有更多需求，心灵成长、文学类的书会卖得更好。

这种变化，是社会发展的必然结果。但就背后的需求而言，并没有跳出底层需求的圈子，只是偏重性发生了变化。

我们很期待，每位作者都能看到不变的底层需求，出的书都可以穿越周期，成为经典。

好的书名是可以“以偏概全”的。

“一千个读者眼中，就有一千个哈姆雷特”，每个读者对书名的解读，都会有各自的视角。从本质上讲，只要提炼内容，就存在“以偏概全”的现象。

同样是读《红楼梦》，红学家看到的是红学，历史学家看到的是历史，政治家看到的是政治。每个人的视角不一样，关注的角度不一样，提炼出来的内容也就不一样。

“以偏概全”并不等于文过饰非、偷梁换柱、偷换概念。

相对于大而全或没有特色来说，有时候“以偏概全”可能是更好的选择。

书名定生死，把书名定好了，就成功了一大半。

当然，我们用到的这些方法，并不仅仅限于策划书名。在思考维度上有所拔高之后，任何一项与内容创作有关的工作，都可以加以应用。

你不妨回想一下：我们刚刚讲到的这些方法论，哪几条给到了你启发？未来，如果你想出版一本书，你会怎么给自己的书起名字？可以列一个你的书名清单出来。

写书的胜利就是框架的胜利

除了书名，读者决定买一本书之前，往往会翻看书的目录。如果目录呈现的内容，可以解决他们关心的问题，那么他们大概率会把这本书买回家。

从某种角度上，甚至可以说，一本书的目录直接决定了读者是否会购买这本书。而书的目录，就是基于书的基本框架提炼出来的。

我们与星光研习社主理人陈晶有过很多次交流，也尝试了图书共创的合作。她很喜欢讲的两个字，就是框架。她觉得，“人生的胜利就是框架的胜利”。对于畅销书的创作而言，道理相通，写书的胜利就是框架的胜利。

框架为什么如此重要

写作一本书时，一般是从搭建框架开始的。一本书的框架，决定了这本书能不能最大程度地表达作者当下的认知，也是整本书创作的写作地图。

如果作者想到哪里就写到哪里，一定会有疏漏之处，给读者的感觉，不是某些内容没有表达完整，就是理解不够透彻。

我们接触过的很多作者，都会有一个通病——不知道自己知道什么，也不知道自己不知道什么。

不知道自己知道什么，就是不知道自己知道的哪些内容是独树一帜的，是应该跟别人分享的；不知道自己不知道什么，就是不知道自己在哪些方面是有欠缺的，或是知道的哪些内容是维度比较低的，自己并不是最适合做分享的那个人。

基于这个痛点，很多作者写书时会犯一个错误——不应该分享的内容分享了，应该分享的内容却没有分享。

遇到这样的作者，看到这样的内容，我们总会觉得很惋惜。作者能表达什么，不能表达什么，完全是可以通过框架的搭建来解决的。

搭建框架的基本步骤

这时候就有一些“聪明”的作者开始想办法了，我用人工智能工具，直接生成一个框架不是更简单，更高效?

用人工智能工具确实便捷、快速，但不一定高效，或者说，效果不一定很好。工具会搭建出一个完整却刻板的框架，任何人都可以用，这会面临“理性正确而非感性正确”的问题。

既然要写一本代表作，一定要最大化符合你的个性。工具搭建出的框架，往往很难与作者的个性相符。

工具和人最大的区别就是工具没有人的个性和情感，我们

把它称之为“人味”，而代表作最不能缺的就是人味。

比如，我们搭建图书框架的基本方法，就是列出 100 个基本问题。

具体的步骤，有以下几个：

穷尽问题。

列出 100 个基本问题的目的，是最大可能地穷尽你能帮用户解答的问题。列问题的维度，有以下几个。

一是你自己列。

把所有你觉得你愿意、你可以在这本书里帮别人解答的问题，以及你值得跟别人分享的经历，用问题的方式列出来。

最了解你的人，永远是你自己。个人的视角，个人的意愿，是一本书的重要组成部分。

二是找别人收集问题。

尽可能找到 50~100 个调研对象，包括朋友、学员、粉丝、行业外的人士等，其中，行业外的人士甚至要占 2/3 左右。告诉他们：

“我想写本代表作，你们希望我的代表作里面解答哪些问题？”“你们觉得我在我的代表作里面能够帮你们解答哪些问题？”等等。

这些收集上来的问题，可以让你看到别人眼中的你，以及用户的真实需求。

三是同类竞品分析。

在网络上或者线下书店，看看同类型的书，分析一下它们框架的特点以及框架里面包含的知识点、用户痛点等信息。

同类书的框架哪里好；有哪些要点，你也可以讲，甚至可以比别人讲得更好；有哪些知识点，是你尚未掌握的。然后把这些用问题的形式呈现出来。

通过分析竞品，可以查漏补缺，写出一本相对竞品更完美的书。

四是互联网平台的热门话题。

每个爆火的话题背后，都隐藏着用户关心的问题。像短视频平台的爆款视频、公众号的爆款文章、知乎上的热门话题等，都是收集问题的绝佳来源。

以上是我们收集问题常用的四个维度，一般来说，收集上来的问题，总数在 100~300 个，是一个比较理想的范围。

筛选问题。

问题收集完毕，还要进行相应的筛选。这里，又要用到我们经常讲的四个圈。我想表达、适合我表达、大众感兴趣、目标人士感兴趣，四个圈的结合部的问题，才是最终要放在书里解答的问题。

跟作者共创一本书的时候，对于作者列出来的问题，我们也是按照这四个圈的原则去帮他做筛选的。

分类、归纳、合并同类项。

筛选出有效的问题之后，就可以进行下一步——分类、归纳、合并同类项。

这个步骤的目的，就是在保留下来的那些问题中，找到同类问题之间的共性。

这样的归纳，不止一次。从大项到小项，可以归纳出一、二、三级的问题。一级问题可以提炼成章，二级问题可以提炼成节，三级问题是每个小节下面反映的用户最关心的小问题。归纳完之后，这本书大概分成了哪几个部分，有哪几个章节，你心中就有数了。

至于那些暂时无法归类的问题，可以先放到一边，在后续工作中再看看应该怎么提炼、筛选。

如果把书的框架想象成一幅画，画中的房子、大树、人物，就相当于归纳出的一级问题。它们是画的基本构成，并以一定的次序出现在画面中。

在“房子”这个一级问题下，会有“房顶”“房梁”“窗户”“门”等小节；在“大树”这个一级问题下，会有“树干”“树枝”“树叶”等小节；在“人物”这个一级问题下，会有“爷爷”“奶奶”“爸爸”“妈妈”“孩子”等小节。

在小节之下，就是收集来的一个个问题，它们是跟小节紧密联系在一起的。

层层递进。

我曾经跟清华大学教授韩秀云老师交流过。我问过她，什么才是一个好的框架、好的目录。她讲过一个原则，就是“看一眼就能记住”。

所以，好的框架是要顺应人的思维、顺应人的思考逻辑的。这个逻辑，可以是一二三四的步骤顺序，也可以是时间顺序，或者是“是什么、为什么、怎么办”的基本演绎顺序，这就是层层递进。我们要力求做到章与章之间层层递进，节与节之间层层递进，问题与问题之间层层递进，甚至行文的时候句与句之间层层递进，让我们的表达顺应人的思维和大脑。

补充问题。

做分类、归纳、合并同类项，再层层递进地列好章节和问题之后，你也许会发现，有的问题反映的内容不够，没法构成独立的一章，或者一章里面还缺几个小节。这时，就有必要再补充一些问题，让书的框架结构更加完整。

之前暂时没有归类的那些问题，此时也可以思考一下，适当进行取舍。

补充完问题，书的大体框架基本就搭建完成了。

有了框架再去创作，写作效率会高很多。也就是说，**写书不是漫无目的的创作，而是一场蓄谋已久的策划。**

专业人士对作者搭建框架的助力

专业的人干专业的事，人对了，事就成了。

作者往往更擅长输出内容，对于搭建框架来说，有专业的策划和编辑人员参与，效率和质量都会得到提升。

我们的共创业务，其中有一部分就是按照上述方式搭建框架，这是共创出书的起点。

共创聊书的筹备。

我们会用四天时间，和作者一起聊出一本书。有些作者或许觉得，只有四天时间，花那么多钱不值得。

类似的误解，有很多。一些新手作者对图书策划不了解，我们也可以理解。

对某些作者来说，我们也许只是组织了几次会议，邀请他们探讨书的内容和框架，然后用四天时间对他们进行访谈，再整理一下稿子。似乎我们的工作很简单，付出的也不多。

实际上，我们团队在前期的准备工作上花了很多时间，做了大量的工作。收集资料、市场调研、搭建框架等工作，我们都已经帮作者做好了。我们在时间上投入得足够多，才能最大程度地节省作者的时间成本。

搭建框架的过程中，我们会召开 5~8 次内部会议，还会跟作者一起开 3~4 次会。

跟作者的第一次会议，主要是讨论选题，充分讨论这本书的定位和选题方向。完成定位以后，还会大致聊一聊作者想要讲的重点内容。

这次会议结束之后，我们会帮作者设计一个调研表，用于收集作者的粉丝的问题。还会给他一个文档，让他按照要求自己列一些问题。另外，我们的小伙伴也会做市场调研，通过多种渠道去收集与作者的创作主题相关的问题。

收集完问题之后，我们会让作者对问题进行筛选。

接下来，我们团队的编辑会花一个星期时间去做深度的调研、搭框架。

搭完框架之后，我们内部要开 2~3 次会议，以确保这个框架的水平，已经达到了能和作者探讨的程度。

此时，我们会跟作者开第二次会议，重点探讨一、二级框架，确认一下作者是否满意。

在一、二级框架基本达成共识的基础上，我们会做相应的修改，并完成三级框架的搭建。一、二、三级框架全部搭完，我们还会在内部进行探讨。

内部确定之后，我们再约作者开第三次会议。这次讨论的是第三级框架是否可以，并基于作者的反馈进行内部调整。

调整完之后，我们会跟作者确认一下，框架中的所有问题是否都能回答。

与作者完全确认框架之后，我们才会开始和他进行为期四天的访谈。而且后面还包含一系列的短视频拍摄、课程制作、新书发售与高客单变现的服务。这其实就是以书为媒，串联一切为知识 IP、作家、创始人全方位赋能的服务。这也是我们遵循把一切内容媒介串起来玩，实现内容价值最大化的创新探索的结晶。

我们希望，我们的努力会影响中国本土更多内容公司去共同打造更好的内容文化创意产品的工业化标准。

一、二、三级框架分别代表什么？

有的人也许不理解，一、二、三级框架分别代表什么。

一级框架，就是每一章的标题，体现的是对作者定位、风格的理解，以及对作者想要表达和适合表达的内容与市场化相对应的程度的一个洞察。对作者的定位越清晰，了解越透彻，越能与市场需求相匹配。它考验的，是编辑的洞察力。

二级框架，就是小节标题，它是在一级框架的基础上，层层递进地展开，体现的是对作者知识体系的理解。在收集问题及归纳整理的过程中，基本上就能完成二级框架的搭建。它考验的，是编辑的基本功。

三级框架，就是有逻辑性的访谈问题的呈现，也是一篇文章的行文思路。这些问题，主要来自前期的收集，只要做到层层递进，基本就能列出来。它考验的，是编辑的逻辑能力和拆解能力。

针对一个问题，可以系统地用演绎法把它拆解掉。“是什么？为什么？怎么办？”或是“第一步、第二步、第三步”，都是可选的拆解方向。

拥有拆解能力，哪怕作者收集上来的问题比较少，也可以从不同的角度切入，延伸出很多问题。

问题还不够全的话，就回到作者的知识体系里进行洞察。

一、二、三级框架的搭建，从洞察，到基本功，再到逻辑力和拆解力，整体是从虚到实的，也是编辑日积月累的经验总结，我们一定要懂得借助专业的力量，让专业人士为我们赋能。

写书的胜利就是框架的胜利，千万不要低估框架的重要性。在框架上花的时间越多，后面花的时间就越少；在框架上花的时间越少，后面花的时间可能就越多，甚至可能要重新搭建框架。

搭建框架看上去很难，但它是一件难而正确的事，是值得重视的。

不相信的话，你不妨思考一下，过去出版的那些卖得很糟糕的书，有没有可能因为在框架上投入少了？那些卖得好的书，如果在框架上多投入一点，有没有可能卖得更好呢？

包装制作与设计让图书锦上添花

写书是一场深度的策划，书名、内容、文案、包装、设计等，都是这场策划的重要组成部分。

在一家书店里，可能摆放着成千上万本书，你的书凭什么一下就能吸引读者的眼球，让他情不自禁地打开来看？

我们可以回想一下，自己购买一本书的场景：

站在书架前，看着成百上千的书，随手拿起一本书，我们会看看书名是什么，作者是谁，封面、封底是什么样的，定价是多少；翻开书，我们会看看作者简介、内容简介，再看看序言、目录；觉得书不错，我们会随意翻看一下书里突出的金句，再进一步，我们会借助目录挑选一些感兴趣的章节来读。

真的站在那个场景中，我们不难发现，包装、设计中的每个细节，包括书的文案、色彩和风格设计等，都对读者的购买决定产生着很大的影响。

日本设计师佐藤可士和说："在一个审美维度高的国家，大家重视美；在一个审美维度低的国家，大家也重视美。"

设计美观、注重品质的书，大家都会喜欢，这会给作者带来品牌溢价。

文案是一个有体系的策划

图书文案的创作，是书名之上的系统延伸，是一个有体系的策划。

它是一套基于用户购买心理的闭环设计，体现的是有逻辑的、层层递进的关系。

从书名到封面文案、到目录、到序言再到每一章节的标题提炼都是针对用户翻阅书的行为的一次层层递进的心智策划。

序言。

也许你没想到，序言也是文案的一部分。很多作者对序言并不重视，只是随便写写。

序言的作用，是引导读者阅读这本书。因此，一定要站在读者的角度上，介绍为什么要写这本书，读者为什么要读这本书，读完之后，读者能够获得什么样的价值和意义。

目录。

目录是一本书整体框架的重要展现，能够起到索引作用，可以让读者一目了然地看到书的主要内容。

目录需要给读者收获感，才能引导读者购买这本书。

有些目录看起来很花哨，但是读者看不懂书中写的是什么。这样的目录，只是卖噱头，对读者的吸引力有限。

封面。

封面存在的意义，不仅是保护书的内文，还能向读者快速传递信息。

封面文案重要的不是有多少字，而是要有“骨、肉、魂”的层级。

“骨”指的是数据和权威。通过推荐人、影响范围、获奖记录等数据来突显产品的权威性，让读者感受到买这本书是很明智的选择。

“肉”指的是对内容的高度概括，对产品功能的介绍。这本书讲了哪些知识，能够解决什么问题，要给读者实实在在的收获。

“魂”指的是一句能够引发共情，最核心、最关键、最能戳中读者的话。人是用理性来认知世界，用感性来连接世界的。这句话就像一个激发读者感性地购买这本书的指令，激发读者的购买欲。

我们的合伙人朱笛为李雪老师策划过一本畅销书，叫《当我遇见一个人》。

这本书的封面，就很好地体现了“骨、肉、魂”。

它的“骨”，是“知名心理学家李雪真情诠释”“尹建莉、张德芬、武志红、曾奇峰赞赏推荐”这两句话。

李雪老师是知名的心理学家，又邀请了几位心理学领域的大咖给自己背书。这两句话就已经很真切地告诉读者，这本书是心理学领域的权威之作。

它的“肉”是什么？也就是能够给用户提供什么功能性呢？是另一句话——“母婴关系决定孩子的一切关系”。

它的“魂”，也就是可以让我们传播的一句话，则是“爱，是‘如他所是’，非‘如我所愿’”，它上升到价值观的层面，能够让读者产生共鸣。

这本书的封面文案，看上去很简单，只有四句话，背后却体现了一整套的推理和层层递进的过程，有很清晰的层次结构。

封底。

封底上，一般会放推荐人的推荐语。

推荐人的名字和经典的推荐语，不仅可以起到背书的作用，还给了读者购买的理由。

选择某一类推荐人写推荐语，就是选择相应的读者群的代言人来给自己做背书。他们要符合你的气质标签，还要符合你对这本书目标市场的定位。

一位心理学家，不仅可以请大学教授来写推荐背书，体现自身专业的可靠性，也可以找一位企业家写推荐语，以吸引企业家群体中对心理学感兴趣的人买书。

总之，推荐人的筛选不是随意的，你稍微用心就会发现，这里面的门道太多了。

腰封。

腰封一般放广告语和营销性、推荐性的文案，信息可以稍微多一点。

知名度相对比较低的作者，可以请行业内的大咖作为自己的推荐人，并将他们的名字呈现在腰封上，以解决用户的信任问题。

而知名度比较高的作者，往往不需要通过腰封来提升权威性。也就是说，并不是每本书都需要腰封。

像《水浒传》《西游记》《百年孤独》之类已经深入人心的经典畅销书，腰封也就没那么必要。

前后勒口。

打开封面，背侧有折页的部分，就是前勒口。与前勒口相应，封底有折页的部分，就是后勒口。

前勒口一般放作者的简介和照片。后勒口一般是放书的内容简介。

这样做的目的在于最大化呈现读者感兴趣的点，来引发购买。

定价是基于市场的判断

一本书的定价，是基于市场的一种策略。它会影响一本书整体的包装制作成本。

定价 50 元的书和定价 100 元的书，成本不同，利润不同，在包装、用纸、制作工艺上自然会有所差异。

有些书，动辄十几万字甚至几十万字，读者的阅读压力可能就比较大；相比较而言，一些开本较小、字数较少，排版也疏朗的书，读起来或许会更轻松一些。

毕竟，书是用来阅读的，如果一本书，因为定价太高了，把读者拒之千里，或者是因为太厚了，读者买了却没有读完，那可真是太可惜了。

与其如此，倒不如文字凝练一些，定价低一些，让读者和作者产生更多的隔空对话。这才是我们与作者共创的真正价值。

相信编辑在图书包装上的经验

出版一本书，就像养一个孩子一样，作者是妈妈，编辑是爸爸。爸爸带孩子的时候，妈妈给的建议太多，爸爸的权威性会受影响，就管不好孩子了。

有的作者，希望自己的书能让所有人都满意，总会给出一些自己的建议。传达想法确实能让书更加符合作者的形象和定位，但作者非要按照自己的想法去制作，结果往往不会太好。

比如说，包装设计的风格与图书的类型有紧密的联系。励志类、经管类、商业类的设计，应该满足读者对这类书的惯性投影。

如果作者非要把一本经管书做成言情小说的风格，就不符合读者已有的认知，很难进入他们的视野。

除了风格，包装制作与设计中，还有很多的细节需要考量。对作者而言，想要一一掌握是很难且费时的事情。

因此，在这个过程中，如果作者与编辑产生了分歧，作者应该相信编辑的经验，充分尊重编辑的建议。

我很想对作者说：

“当你看到一个编辑在认认真真地包装你的书，提炼你书中的‘骨、肉、魂’，设计书的超级文案和超级符号时，你应该多和他进行一些沟通。因为这个过程对你来说，是一次深度探索自己的机会。”

这本书既然是你的代表作，代表的就是你自己。从个人的品牌形象和做 IP 的角度来讲，你和编辑对称认知和信息的情况下，编辑才能更精准地给出包装建议。

尊重设计师的专业能力

作者和编辑之间，要有深度的交流，要对书的理解、市场定位达成足够统一。

在此基础上提炼出最贴切的文案和卖点，以及比较清晰的设计理念，再交给设计师去做设计，这是对设计师的基本尊重。

很多作者或编辑，会把一个还未成型的文案交给设计师，让设计师自己去感受。面对一本文案未定、卖点不明的书，设计师是很难产生超级创意，设计出超级符号的。

另外，还有很多编辑和作家跟设计师沟通的时候，会更多地强调这个应该怎么摆，那个应该怎么放，很容易陷入细节中。

这样做，其实有些越俎代庖了。跟设计师沟通的重点，一定是设计的总体原则，告诉他你想要的方向、你想表达的精神内核。至于细节方面，尊重设计师的专业能力就好。当他理解你的精神内核之后，在书的呈现上会更精准、更符合你的预期。

文化产品是有精神力量的，包装设计做到极简的前提，是用商业思维了解一个产品的精神内核。

作为一个编辑，你做的每一本书，是不是都呈现了作者最想表达的内容？

作为一个作者，你创作了一本书，能不能用简单的语言，清晰的方式，讲清楚这是一本什么书？为什么要创作？你的读者能得到什么？

第三章

【写书篇】

如何高效创作一本爆款畅销书

别怕揭自己老底，那些苦难、伤疤与痛的领悟才是你代表作上的军功章！

知识有层次，创作一本畅销书的底层思维

优秀的IP老师往往都清楚，他们提供给大众用户的内容中，那些自认为最贵的、最深奥的并不一定就是最好的。

如果把本来应该卖几万块钱的私教课内容，讲给什么都不懂的小白听，往往会带来两个结果。

一是，小白对你讲的知识一窍不通，听了也是白听，浪费了彼此的时间和资源。

二是，你的投入没有回报，很难长期坚持下去，这样的商业模式无法延续。

只要开始做个人IP，你就需要认识到不同的用户获取知识的层次是不一样的，一定要把自己的内容进行相应的分层和梳理。

写书也是一样的道理，大众没有掌握你所掌握的专业知识，也不熟悉你所在行业内的行话，对着大众讲专业语言，无疑就是做不起来的IP老师们的“诅咒”。

知识要分层

以前人们常说，写书只要练习自己的写作能力就好了；而

现在，我们在写一本书之前，比写作能力更重要的是对这五个字的理解程度——知识要分层。

理解“知识要分层”之前，我们应该先理解两个词语：由浅入深和深入浅出。

由浅入深：所有的学习都是一个由浅入深的递进过程。你不可能一口吃个胖子。

深入浅出：传播我们的知识或者经验，恰恰是反过来的，是一个深入之后再浅出的过程。在这个过程中，你需要刻意练习讲得让人听得懂、听得进去的能力。这个能力又反过来让你有机会带着更多用户需要的真问题更好地深入。

知识有深有浅，学习知识的方法有易有难。理解了“由浅入深”和“深入浅出”的意义，就更有利于我们理解知识为什么要分层。

正如说话要看对象一样，写书也是如此。面对不同的读者群体，写作的语言层次、深度是不一样的。你写的是一本大众科普书，还是一本专业人士看的理论性的书，语言体系以及写作的内容必然有着巨大的差异。

做好了知识分层，搞清楚你的目标读者，你在写作时就有了对象感，写作也更自然。

知识的六个层次

我从事内容行业 20 多年的时间里，应该说亲身探索了绝大多数知识性内容的呈现形态。为了便于大家更好地理解知识分层在现实中的运用，我把它们分成六个层次。

第一层，泛娱乐化内容。通常指的是在各大短视频平台上发布的内容。它更多的是讲社会热点问题和大众感兴趣的话题，具有娱乐属性。这些内容可以带来泛流量，让大众关注你。一些知识 IP 讲的干货，也是以娱乐化内容为主，夹杂着一些知识性的内容。

第二层，泛知识性的内容。通常指的是在直播间里讲的内容。它比短视频内容更有深度一些，属于“兑水”的知识。直播间的演讲者主要通过提供情绪价值、讲故事去影响客户的认知。

换言之，泛知识性的内容，解决的是“为什么”和“是什么”的问题。至于“怎么办”的问题，往往很少在直播间里讲。

这样的内容，可以让知识 IP 在做直播的时候，吸引更多精准的客户、精准的读者、精准的粉丝，跟他们产生高价值的连接。

第三层，大众通识内容。一般指的是知识 IP 的低客单价产品内容。其中包含了很多大众的、基本的、高频的需求点，在讲这些内容的时候，既要有专业知识，又不能有太多的专业词汇，得让普通人也听得懂，有收获。它可以解决知识 IP 浅层的一对多的交付和引流问题。

一门人人都可以购买的录播课或者是一本通向大众的个人代表作，都属于大众通识的知识内容。

第四层，专业通识内容。一般指的是某个行业里每个人都应该知道的一些基础行业通识。这些内容是偏专业化的知识，讲述的时候需要尽可能地把知识掰开揉碎，让每位读者都能够理解。

比如，你手里的这本《代表作》，不是每个人都必须和书籍打交道，但是只要你涉及内容行业，如写书、出书、推书或者从事编辑工作、内容工作等，都可能用到这本书。从这个角度来说，这就是一本专业通识书。

专业通识类的书，能帮助一个人快速地了解不同行业的基础知识，快速入行。

第五层，专业知识。一般指的是在专业性的组织群体中传播的为解决某个特定的专业问题所对应的具体的知识。它不是为某个行业的所有人提供某些通识的认知，而是针对具体的某部分专业人群更加有针对性地解决与专业相关的具体问题。

第六层，专业的个性化内容。通常指一对一的个性化知识输出，对象是你的超级客户。比较常见的情况是，作为专业人士的你为客户提供的一对一咨询、一对一或多对一陪跑、一对一或多对一全案落地等交付过程中，为特定的某个人遇到的特定问题提供的个性化解决方案。

知识的六个层次，对应不同的产品，也对应着不同的客户，从泛娱乐化内容到个性化的内容，知识分层的过程，就是用户筛选的过程。

知识分层是对用户的筛选

客户的筛选，就像漏斗一样，入口越来越窄，人越来越少，内容越来越专业，价值越来越高。

从短视频里遇到的路人，到直播间里遇到的粉丝，再到大众代表作里遇到的读者，再到课程里面遇到的学员，再到专业组织群体中遇到的高客单价客户，最后到一对一咨询时遇到的超级客户，甚至那些可能成为你的合伙人的人。

在做内容分层的时候，你对自己的关系层级也进行了相应的筛选。有了这个意识和行动，未来，你在成为一个创作者、一个作家的道路上，会更有框架感，路也会走得更宽阔、更长远、更轻松。

知识 IP 之所以觉得靠近大众很难，或者说不想考虑大众的需求或感受，就是因为缺乏 IP 打造的框架性思维。当你意识到，要变现就必须进行知识分层的时候，再去创作一本书，你就更清楚应该怎么做了。

否则，你的思维会很紊乱，不知道自己的内容有什么价值，有多大价值，哪些内容应该放到书里，哪些内容应该收高价，等等。

说到底，原则其实很简单，就是把你有限的知识，分成不同的价格维度，做到价值与价格相对等。

一定不要把价值几万块钱的产品卖几十块钱，或者免费送给别人，这样不仅没人看，还会拉低自己的价值。就像把价值十几万的内容，放在一本几十块钱的书里，你觉得会给读者物超所值的感觉，实际上是提升了阅读门槛。要知道，如今是内容媒介多样化的时代，书籍已经不是唯一承载所有知识性内容的媒介。图书属于大众传播的媒介，更高客单的专业化内容，真没必要通过一本帮你破圈的大众化畅销书来完成。毕竟，专业是有壁垒的，太过专业的内容，普通大众也看不懂。

所以，写一本书之前，你一定要给自己的知识分层，要区分出什么样的内容是应该放在书里的。

所有价值的达成，都要通过商业的方式来实现。一直以来，我都希望用商业思维来培养作者，帮助作者成长，为我们的同行赋能。它是写好一本畅销书，让一本书价值最大化的最底层的逻辑和思维。

在这里，我有一句话想送给大家：**“定位要垂直，知识要分层，内容是漏斗，客户要筛选，价值与价格更要相对等。”**

文章的最后，你不妨想一想，在“价值与价格对等”这件事情上，你踩过多少坑？这些坑分别是什么？

共创是趋势，四天聊出一本书

百万畅销书《不完美，才美》的作者海蓝博士，是在国内外都享有盛誉的心理学家。与我们一道探索了四天的书课共创之后，她说出的第一句话是：

“哎呀！你们怎么不早点出现呀？早点出现的话，我可能已经出了很多本畅销书了。”

她说，写书这件事对于她来讲是有难度的，虽然有很多的想法，但因为各种各样的原因，很难落实到纸面上，形成一本书。

跟海蓝博士的沟通，给了我们很大的触动。很多想写书的作者，都会陷入一个误区——作家的写作能力理所应当要好。但实际上，知识传播为主的老师们更需要的是思维的打开与专业团队在价值传播的策划与知识萃取上的赋能，远远不只是写作的技巧和能力的提升那么简单。

共创出书的萌芽过程

产生共创出书的念头之前，我已经在内容行业里面深耕20多年。我大学学的就是编辑出版专业。26岁，就已成为当时图书行业头部出版公司磨铁图书最年轻的高管。30岁之前，我已经在两家国内排名前十的民营出版公司做过高管，从运营副总裁、执行副总裁到首席战略官。

然而，随着新的媒介越来越多样化，图书编辑与作者的关系似乎越来越远，出版好像越来越走向内容产业链的价值边缘。我一直在思考一个问题，就是如何让一个老编辑和作者之间互为师友的关系，在今天这个时代焕发生机。于是，我进入了更靠近内容生产源头的知识付费行业。

知识付费行业出现之后，我有幸和香总一起并肩作战多年，我们探索了各种为创作者内容生产与价值传播赋能的形态。看上去我们做了很多次转型，很多同行觉得，我们是做了很多件事。可是在我们的头脑中，知识付费就是“新出版”，我们一直只是在努力做好一件事情而已。

一个作者呈现内容的方式，不仅仅局限于一本已经写完的书，还可以用课程的形式、短视频的形式、直播的形式、公众号文章的形式。各种形式的内容，都可以被读者看到、听到、接收到。

作者可以把在一本书中想要写的内容拆成很多部分，用结构化生产内容的方式，一部分一部分地写，边更新内容就能边获得收益，甚至可以根据用户的反馈持续做迭代，始终与用户保持同频。

这种内容生产方式，是值得我们深入探索的。从出版的角度来讲，我们认为知识付费是出版过程的产品化，生产一个内容的过程就可以变成一个产品，出版人可以更加深入地参与到内容的生产当中。

十几年前，我在磨铁图书时，当时的磨铁图书是国内第一家提出把图书编辑和策划人当作“产品经理”来看待的公司。我参与并亲历了这个认知的重塑过程。当时，很多人都无法接受。他们觉得，把书当成产品，是对这个行业的亵渎，是不尊重文化的表现。

时至今日，依然有很多德高望重的前辈们，会和刚入行的年轻人讲：

“你们不要总想着挣钱，在这个行业里挣钱是很难的，年轻人要有情怀。”

文化行业确实需要情怀，但是纯粹靠爱“发电”，把工作当作公益，是很难持续的。想让一个行业变得更好，甚至是突破一个行业的现状，必须有商业的推动。

多年来，我们一直在探索出版的边界，一直在思考——如何让这个行业变得更职业化和专业化？如何用商业思维去探索出版行业，甚至整个大文化产业积极正向的发展之路？

过去，出版社都是事业单位，出版活动并不完全是市场化运作。后来，出版行业改革，有了民营出版工作室，版权交易开始市场化，出版行业才真正走上市场化的发展道路，出现了“出版商”“文化产品”之类的概念。

尤其在互联网技术诞生之后，挖掘好作者、好内容的方式发生了翻天覆地的变化。从天涯、猫扑的论坛时代，到新浪、搜狐的门户网站时代，再到豆瓣、知乎的时代，再到微博、微信时代，再到喜马拉雅这种音频平台时代，最后到今天的短视频直播时代，层出不穷的新媒介，让更多优秀的内容生产者可以更广泛地在互联网上被看到。

在这个过程中，市场化的出版方会主动到线上去寻找、发掘原创作者，尝试出版他们的作品。这个过程中，出版方会进行市场化的评估。一旦达成合作，书出版面市，对出版方和作者来说，都有可能获得丰厚的回报。

这个变化，让出版行业经历了黄金发展的20年，涌现出了《明朝那些事儿》《盗墓笔记》《诛仙》《拆掉思维里的墙》《人生不设限》《自控力》等现象级的爆款畅销书。

在出版行业蓬勃发展的背后，我们也看到了问题。如今每个人都是内容生产者，内容的供应大于市场的需求。

今天我们拥有全世界最多的内容生产者，拥有每天最多的内容生产量。但是，图书市场上，作品往往良莠不齐。有些作者写的书，并不那么通俗易懂，也无法满足读者真正的阅读需求。有些出版人使用一系列的包装手段，让这些书看上去符合了市场化的需求，从而达到出版的目的。但是，读者一旦买到这种过度包装的书，难免产生被骗的感觉。这种虚假的专业化、市场化，并不是我们期待的。它对文化产业的发展，只是短暂助推，从长期来看，弊大于利。

知识付费的出现，让产业化生产内容有了新的渠道。可惜的是，很多从业者并不珍惜当时的大好局面，大量劣质的内容充斥其中，劣币驱逐良币，导致这个行业充斥着昙花一现的味道。

痛定思痛，我们重新走进传统出版行业，探索专业化、产业化的可能。

深入其中细细探究，我们发现，在传统的出版进程中，其实已经有了共创的苗头出现。比如说，一些出版人会根据市场需求给作者提供选题，就像让作者写命题作文一样来生产内容。只不过，在内容生产的过程中，出版人的参与度没有共创那么高。

回看我这 20 多年的探索，我在十几年前策划过一本年度畅销书《高盛阴谋》。这本书的策划过程，就是我们提出一个选题，让作者去写。在作者写作的过程中，我们给作者提出了很多意见和建议。回想起来，我们当时做的工作，其实已经可以算是“半共创”，我们已经在为作者的内容赋能，帮他通过出书获取更大的收益。

只是，随着互联网行业及知识付费行业的快速发展，很多内容生产者不再局限于通过出书获得收益。尤其是那些拥有大流量的作者，通过商业模式、知识付费拿到的变现，远远大于出书的收益。

这就带来一个问题，很多优秀的作者，包括创始人、企业家、专业的博主等，没有时间写书，或是觉得写书的投入产出并不划算，就把书变成了一个衍生品。而一些流量很大但认知不够的作者，为了彰显自己的专业，会出一些思想浅薄的书。

这就导致了出版单位要面对一种尴尬和新的窘境。前端流量作者不愿意花时间去打磨内容，互联网渠道又不断地压缩书的毛利空间，付出了大量版税的出版单位，只能让编辑增加产品的数量，以降低成本。同一个编辑，时间、精力有限，数量增加，意味着变相降低质量。久而久之，整个行业就陷入了一个恶性循环。

这个窘境怎么突破，也是摆在我们心里的一道难题。探索知识付费的那几年，我们发现，很多作者都愿意花钱找短视频孵化手来拍短视频。网红校长曾经就有一个产品，收费为作者拍 100 条短视频。因为这些短视频获得的流量确实可以给他们带来直播卖课的后端变现，所以很多作者心甘情愿付费去做。

出书和制作短视频都是生产内容，两者能不能结合或者互相借鉴呢？用户刷到短视频成为你的粉丝，或买了你的书成为你的粉丝，最终的结果都是成为你的粉丝。只不过，短视频是泛内容浅传播，很大程度上获得的是弱关系客户，买书的人是你通过深度内容、重传播带来的精准付费用户。如果书写得足够好，想必可以吸引更高质量的高价值用户，让他跟你产生更高价值的连接。

我们顿时意识到，书的价值被低估了。就像我们一直说的，书是社交名片、关系杠杆、流量入口。

书很轻便，可以在很多线下社交的场景使用，比如，可以在你跟别人连麦的时候，拍短视频的时候，开直播的时候，甚至线下课的时候，等等。也就是说，书几乎可以涵盖 IP 打造的所有场景。

于是，我们产生了“要帮作者打造个人代表作”的想法。我们希望有更多的作者可以写好书、出好书、推好书，也希望更多的读者读到好书。

跟樊登读书的联合创始人郭俊杰一起打造《简单做事》这本书的过程中，共创出书的萌芽破土而出，整个共创流程也越来越清晰。

樊登老师是把一些很生涩的书，用通俗的方式讲给大家听，这样做既节省了大家的时间，又可提升获取知识的效率。那么，我们为什么不在作者写的时候就让书更加好读，更加针对读者的需求去创作呢？共创出书的模式，恰恰可以为在更底层的角度解决读者读好书的问题提供新的可能性。因为，这一模式的底层逻辑，就是围绕用户需求更专业化、结构化地生产内容，这为作家的创作提供了另外一个思路。

想明白了这一切，我们脑袋里又蹦出另外一个问题——到底我们从什么样的书开始去做这样的探索呢？显然就是个人代表作，因为人往往最难看清楚的就是自己。一本代表作的打造，知识萃取的难度更高。在 IP 老师们最重要的一本书上，他们往往最大的困惑就是：

不知道自己知道什么，不知道自己不知道什么。

也就是说，不知道自己知道的哪些东西最值得跟读者分享，不知道自己知道的哪些东西没那么有必要去分享。而一本真正能代表 IP 老师本人的代表作，才能最大化激发他各种场景运用的动力，才称得上社交名片，才能真正起到社交杠杆和流量入口的作用。

个人代表作可以运用的场景如此之多，价值如此之大，对于 IP 本人、读者以及出版方来说，才是三方利益与价值最大化的交汇所在，这才是皇冠上的明珠。我们坚信这是最能让作者真正理解书的价值所在，这是他们最愿意进行共创出书探索的原因所在，这也是我们公司“一书一课，加 300+ 条短视频素材”业务模式的原点。

我们的理解是，共创不只是共创内容，还涉及了后期包装、营销、售卖的共创，从出书到售卖的整个过程，都是共创。

我们愿意为作者做这一系列的事情，是因为我们真正回到了我 20 多年前步入出版行业的初心——**发掘有价值的内容和作者，把有价值的内容和作者的价值最大化。**

理解了这些之后，大家才可能真正理解共创的意义。

共创出书的优势

在共创出书这件事上，我们以“最大化地挖掘作者的价值、最大化地节省作者的时间成本、最大化地提高我们的效率”这三点为努力方向，不断地探索，打破自己的边界。

共创出书的过程中，每一位作者给我们的积极反馈，几乎每一本书都是畅销书的市场验证，以及每一次共创的收获与迭代，让我们越来越相信，共创是一种很有价值、值得探索的事情。

帮作者从专业通往大众。

每个人都有自己的局限性，再优秀的作者也不例外。想看清这个世界上的一切，他们往往需要一面镜子。想从专业走向大众，他们也需要一个摆渡人。

与作者共创出书时，我们就扮演了镜子和摆渡人的角色。帮助作者发现盲点的同时，也帮作者从专业的这一头摆渡到大众的那一头。

真实呈现作者原本的样子。

我在时代华语当高管的时候，听《中国企业家》杂志的一些朋友聊起过，崔永元老师想做一个“口述中国企业家历史”的项目。

那时，中国出现了很多优秀的企业家，崔永元老师想通过口述历史的方式，来传承和传播他们的智慧。积累到一定数量，这个项目中的很多素材就可以汇集成册，做成一本本惠及大众的书。可是，这个项目没有引发市场多大的反响。

以前，我们也曾帮助企业家出版过书籍。我们采取的主要方式，就是企业家口述，撰稿人或者媒体人负责撰稿。这样写出来的书，往往具有浓厚的撰稿人的个人特色，却很难真实地呈现企业家的思想。

用共创出书的方式，或许能较为轻松地解决这个问题。

我们始终认为，一本书的作者应该是作者本人，我们只是真实再现作者的思想。我们的工作，不是二次创作，而是知识整理。本质上说，我们还是在做编辑的工作，并不是很多人认为的攒稿人或者写手。

我们和作者在聊稿的过程中，是基于一篇文章的基本结构来聊稿子，而且是一个小节一个小节地聊。聊完之后，再进行知识、故事、核心干货的提取，并没有改变作者的原意，所有的内容都是作者的内容，我们只是把口头形式整理成了书面形式。

而且，共创的过程，需要与作者真诚地交流。真交流才有交流感，才有对象感，更能让我们看到最真实的作者的同时，在心流状态下激发出火花，产生更多的创新和创造，激发出作者潜在的闪光点。

让文字通俗，通俗，再通俗。

磨铁的老板沈浩波曾经讲过一句话："通俗，通俗，再通俗，是一条永无止境的道路。"

书籍的本质，是价值的传播。越接近大众的通俗语言，才能在大众群体中引发共鸣。

尤其是在当今这个时代，短视频和直播的出现，就像是中国的第二次白话文运动，它们让很多作者从传统的精英语言向大众语言转变。使用通俗化语言出书，既是对作者的尊重，也满足了用户的需求。

共创出书，是通过聊天的方式来生产内容。对谈的过程中，我们的编辑团队真实记录作者的思想和语言表达，再经过编辑加工，以更加通俗的方式来呈现作者的内容。

最大限度地节省作者的时间。

时间，是最宝贵的资源。对于从事创意工作的作者而言，更是如此。如今很多作者想写书，但是时间不够。为了更好地为作者服务，我们经常思考，如何最大化地节省作者的时间成本？

很简单，**遵从SOP，思考内容呈现的多种方式，结构化创作。**

共创出书的筹备工作，我们在前面已经做了很详细的讲述。这里就不再重复。进入聊书阶段，我们也有自己的流程。

一般来说，我们会有一个人和作者主聊，负责挖掘作者的内容和价值，然后配备两个文字编辑，对访谈的内容进行文字记录和补充提问。访谈的同时，我们会安排三台机位及短视频操盘手同步进行短视频拍摄，还有负责后勤保障的小伙伴一起参与其中。

也就是说，聊书稿的四天中，我们团队会有六七个人一起参与共创，为作者服务。在产出书稿内容素材的同时，短视频素材也有了，后期的书改课的素材也有了，真正做到了“一鱼多吃”。

专业化分工，让畅销书成为可能。

如今，各行各业都越来越需要专业化的分工，它可以提升效率。每个人各司其职，完成一项任务，本质上就是一种共创。

很多文化产品，其实早就已经实现专业化分工，开启了共创模式。比如，影视领域中，编剧、导演、制片、演员等，以共创的方式完成一部影视剧。

谁适合共创出书，谁可以，谁需要

什么样的人适合共创出书？答案是：在一个领域里有上万小时或者几万小时积累的人。

一般而言，他们都有比较成熟的知识体系，对自己的专业有相对高一些的认知。在聊书稿的过程中，他们会有足够多的内容，足以撑起一本书。

而且，如果作者的表达能力很强，共创效率会更高。尤其是一些做培训、做直播、做短视频、做 IP 的作者，在平时就有很多发声的机会，很擅长表达，那聊起来也会更加顺畅，在同等时间内，输出的有价值的内容也会更多一些。

还有人会问，在聊的过程中，如果作者有些问题没有想清楚，回答不了怎么办？

这一点也无须担心，我们正在做一些尝试：我们会切换不同的角度提问，或者用不同的方式和方法去启发老师。而且，我们提出的绝大多数问题，都是经过调研并事先和作者确认过的，基本符合大众用户关心、老师想回答且能回答的要求。

如果实在回答不了，那也说明老师在这个点上没那么擅长，可以选择跳过。如果有疏漏的内容，在后期整理稿件的时候也可以补充进去。

我们共创的，从来不是一本刻板完美、面面俱到的书，而是一本挖掘出作者最佳经验、体悟、情感和情绪的书。

共创的过程，不仅是和作者一起系统梳理其认知的过程，还会碰撞出新的价值，激发作者产生新的认知。

这是一场很重要的生命体验，我们和作者进行了一场灵魂上的交流。互为师友、相互赋能、携手向前，既不会感觉彼此生疏，又不会过于亲密，毫无边界感。

我们希望，通过共创出书的模式，让编辑和作者之间的关系重新焕发生机。

我们相信，在未来，还会有更多的共创形式出现。比如，作者跟自己的粉丝共创，先做几场直播转化成文字，然后再整理成书稿，等等。

在这个 IP 经济崛起的时代，每个人都需要一本代表作。把心力、时间、精力和资源投资在好的内容创作上，才是王道。因为，内容即营销，内容即流量，**内容连接一切。共创，就是产生优质内容、打造符合大众需求的畅销书的方式。**

基于我们的分享，大家不妨思考一下，如果你是一个内容生产者，一个作家，或是进入内容行业的从业者，你会做哪些共创的尝试？尝试共创，你能获得哪些方面的益处呢？

爆款畅销书，一篇文章的基本写作框架

让任何人一下子写一本十几万字的书，他都会觉得很难。不是写不出来，而是工作量太大，让人望而却步。

那换个思路，把十几万字的工作量拆成一个个小部分，可不可以解决这个问题呢？

我们和笛子老师合作过一本书，名叫《拆商》。她就很擅长拆解问题，把大问题拆成小问题，把小问题拆成更小的问题。一层层抽丝剥茧地拆解下去，大问题就能一点点地解决了。

按照这个思路，如果我们把一本十几万字的书拆成 7 个大章，再把每一章拆成 5~7 个小节，接着把每个小节拆成 3~5 个要点，最后把每个要点拆成几个小问题。一个小问题一个小问题地给出答案，写出内容，每一个大概也就几百字，你还会觉得有那么难吗？

“结构化创作”的模板

上初中的时候，我特别喜欢看武侠小说，金庸、古龙、梁羽生的小说，我都看过。我发现，那些武侠小说基本是同样的套路。

“一个身负血海深仇的少年，在抗争的过程中，不幸掉进某个山洞里。偶然间，他得到一颗灵丹妙药，获得一部武功秘籍，遇到一个非常漂亮的女孩。女孩喜欢他，一直跟着他、支持他。少年的武功越来越高，一步步升级为教主或者帮主，终于杀掉反派，为父亲报了血海深仇，最后与女孩一起归隐山林，成为德高望重的一代大侠。”

观察之后就不难发现，很多武侠小说都是这个结构。这也是喜欢读武侠小说的人内心比较喜欢的结构套路。

有人说金庸的武侠小说《连城诀》模仿了大仲马的《基督山伯爵》。我们来比较一下两者的情节设置。

《连城诀》的情节是：主人公喜欢他的师妹，被冤枉入狱时，遇到了一位武林高手，高手给了他一笔宝藏，教了他武功；主人公出狱之后，就走向了复仇之路。

《基督山伯爵》的情节是：一个青年跟与他青梅竹马的女孩相爱，他遭人陷害，不幸入狱；入狱之后，他遇到一位神父，教了他很多知识，还告诉了他一笔宝藏的埋藏地点，他走上了复仇之路。

两部作品的情节确有相似之处，但我们可以相信，是两位作者使用了相同的写作模板，而不是金庸模仿了大仲马。

故事写作很大一部分都是有套路的，非虚构文章的创作也一样有套路可循。

“总—分—总”的基本模型

“总—分—总”的模型尤其适用于知识类的书籍和课程。

把“总—分—总”的结构拆解一下，大体上就是，故事引出问题，问题引出观点，观点引出方法，方法一，故事一；方法二，故事二；方法三，故事三……然后进行感性总结，最后再来一个理性发问。

这是一个非常好用的参考模型，知识IP做线上线下分享、出书做课都可以用。把这个基本结构练习100遍，你就会发现很多的套路、模板你都会了。

前段时间，肖厂长让我写一篇文稿，讲一讲什么是“幸福感创业”，要说说自己的体会。我就用到了这个模型。

“有个老板挣了很多钱，大家都觉得他很成功、很幸福，但这个老板内心感觉很痛苦。”

我首先讲了一个故事，用故事切入。这样的话，作者不需要太多思考，基本可以自然而然地表达出来。这个故事展现了一个非常典型的现实情况，反映了大家都在普遍讨论的问题：

什么是真正的成功？

什么是真正的幸福？

我们所追求的所谓成功和幸福，真的是我们所要追求的吗？

反映出这个问题之后，一定要体现作者的态度——我认为什么是真正的成功？什么是真正的幸福？

我认为，真正的成功和幸福，是活好当下的每一天、每一刻。那么，如何才能活得好呢？

第一个方法：做到工作和生活的平衡。把精力全部投入工作，很多时候并不一定能取得成功。

第二个方法 + 故事：真正的成功取决于你的认知，而认知水平的提升是需要花时间去学习的。我经历低谷之后能重新走上坡路，就是因为我花了很多时间去学习，打开自己，跟年轻人交流。我获得了新的认知，让我对于公司共创业务的发展更有规划，对出版的底层理解更加深刻，这样我就获得了更大的成功。

第三个方法 + 故事：人一定要做到张弛有度。对家庭的关注，会让你对生活产生关注，能够让你获得丰富的心理营养，让你更容易取得成功。我再次创业的时候，就开始更多地跟家人沟通，并关注身边的朋友。我的心理能量更高了，心态更加平衡了。我不再为了创业而创业，功利心没有那么强了。我甚至开始思考人生的意义感，思考做好这家公司的意义感，我有长期主义的心态，也能更好地接纳风险了。

方法最好跟故事相结合，这样可以显得生动、有说服力，而不是说教，读者更容易接受和阅读。当然，也不是每个方法都必须和故事结合，有时也可以省略故事。此时，作者的头脑中，已经过完了几个故事，有了一些自己的见解，很容易就能在感性总结时提炼出一句非常感性、非常有味道的金句。

真正的成功和幸福，是超脱于功利主义的成功和幸福，是活在你的愿景里。

一本好的书籍或者一篇好的文章，一定是可以激发人思考的。所以，最后我们可以再来一个理性发问，提升读者的参与度，也拔高文章的价值。

那么，你觉得什么是幸福？如果你要有幸福感地创业，有幸福感的创业又是什么呢？如果它包含几个维度，你觉得是哪些维度？它们的排序又是怎样的？这几个问题，值得大家认真思考，并给出答案。

就这样，我轻松地花了不到一个半小时时间，就完成了一篇 3000 字的文稿。

把一个基本模型练到极致 = 一通百通

当然，你必须在创作中多刻意练习。久而久之，你自然会总结出更多模型，并在不同的场景中，可以游刃有余地运用相应的模型。

一个基本功，练 100 遍之后，毫厘之间的手感是不一样的。你要去品，要去感受，这样你就会发现无穷无尽的可能性。

比如，开头省略故事，直接从问题开始；或者是观点很有颠覆性时，直接从观点开始，省略故事和问题；再或者是像做短视频一样，直接从观点开始，然后方法一、方法二、方法三，然后做个感性总结；又或者，结尾的感性总结总结得很好，最后也可以不发问，或者把发问变成一个给读者的行动计划；等等。

一旦你掌握了这个基本模型，就会发现，无论怎样改都是万变不离其宗。

很多人使用的其他创作模型，都是在基本模型的基础上叠加总结出来的。学会了这个基本模型，就可以无穷无尽地输出内容。

这是我们总结出的适合跟作者聊书稿的通用的模型，大家在运用的时候，也可以根据自己的需要随意组合。

好的提问框架是好的创作的催化剂

在个人创作的过程中，也可以按照“总—分—总”的基本模型来搭建基本框架，然后去创作内容。但有时候，依然难免遇到创作瓶颈。此时，可以借鉴我们与老师聊书稿时的提问方法，激发自己的创作灵感。

提问的原则，依然是从感性到理性，再回到感性。提问的方式可以是多种多样的。

带着场景提问题。

我们在和老师聊书的过程中，如果提出一些缺乏具体场景的问题，老师会比较难以回答。此时，我们会加上某个具体的场景，让作者迅速抓住重点。

比如说，我们问作者“如何链接业界名人？”作者可能一时反应不过来。但是如果我们问“如何在饭桌上链接业界名人？”“如何在会场上链接业界名人？”作者的思考瞬间就有了方向。

换不同的角度提问题。

同样一个问题，可以有不同的问法。

比如说，我们请教一位做家庭教育的作者：

“孩子不爱学习怎么办？”

这么问，他可能觉得你在考他。如果把问题变成：

“您的孩子不爱学习，您会怎么办？”

或者：

“您的学员里，有没有孩子不爱学习的，您是怎么引导他的？”

还可以问：

“您见过的不爱学习的孩子是什么样的？能不能给我们讲一个印象深刻的案例？”

改变角度之后，问题马上就和作者有关系了，他会更愿意回答，更知道怎么去回答。

当然，我们前期框架搭建的时候，每个小节里面也可以多准备几个问题。列小问题的方法，可以归结为两类：一个是归纳法，一个是演绎法。归纳法是找共性，以平行结构去提问。演绎法是顺应逻辑，层层递进地提问。

如果尝试了各种各样的方法，作者还是回答不出来，没有创作的思路，那基本可以确认作者不擅长回答这方面的问题，最好的办法是直接跳过。

作为一个创作者，不断进行基本功的练习，你会在这条路上越走越远。在这里，不妨问问自己，你在创作这件事情上，做过哪些重复过 100 遍的刻意练习？你觉得有没有意义？你又用过哪些写作技巧？你觉得有用吗？

第四章【推书篇】

超实用的五个推书方式

推广一本代表作的过程，是赋予它生命的过程！因为阅读的真正开启，才是生命影响生命的开始！

软性营销——在内容里做植入式营销

以往的营销活动，更多是硬性营销，做广告、拼宣传，是把产品硬塞进用户的头脑中。实际上，这样的营销不叫营销，而叫推销。真正高级的营销，是软性营销，它能够影响用户的心理，提高用户的信任度。

当下这个市场中，软性营销会比硬性营销更能满足用户的需求，是更适合当下的推广方式。

拿开饭店来打个比方，硬性营销是做灯牌广告、电梯广告，或者让服务员站在门口拉客，让食客到店里吃饭；软性营销是在每一次为食客服务的过程中，让他们感受到品牌的温度、力量、影响力，长此以往，品牌的口碑越来越好，“品牌资产”不断放大，自然而然地影响到更多的食客，根本不需要在门口拉客，他们会主动到店里来消费。

基于此，我们有理由相信，未来的销售工作会更多地走向软性营销。比如顾问式销售就是很常见的软性营销，主要帮用户解答问题，在解答问题的过程中，发现用户真正的需求，然后把好的产品、好的服务提供给他。这样，就可以实现用户和他想要的产品、服务之间的自然连接。

其实，今天的营销已经趋向于“营”与“销”合二为一。比如书＋发售，它是一场一对多的、基于人性心理的、以销售为目的的、以新书上市为契机的大事件流程策划。

在今天这个信息已经极度碎片化的时代，用户的注意力很难被抓取，要想建立用户和你之间基于高度信任的“超级链接”，让他们为你的高客单付费，就需要有一种更顺应现状的方式抓住他们的注意力。发售就此孕育，它是基于微信生态下短视频、直播、社群、朋友圈、企业微信、腾讯会议等新媒体工具的成熟，运用这些媒介工具，通过一个大事件在五到七天的一个集中时间段里去抓取用户的注意力。在这个集中的时间段里，IP 老师们使出浑身解数，360° 无死角地展示自己和自己所对应产品与服务的价值，邀请自己最核心的能给自己背书的大咖人脉资源来直播现场，请他们针对不同的用户需求，从不同的角度，给自己背书、助阵，以达到集中成交转化的目的。它的底层是一种充分的价值展示，是新型的直指结果的营销与销售方式，终极追求就是导向“不销而销”，让价值与价值更好地直接连接。

说到底，你真的有料，就越能通过发售拿到成果，取得成功。但是你没几把刷子，用户也能看穿你的真实水准。演一两个小时可以，你不可能五天、七天里每天都能演好那几个小时。所以，说得俗一点，通过发售能不能拿到成果，是骡子是马，拉出来遛一遛就知道，因为它的底层还是内容与价值。

内容连接一切

内容即流量，内容即营销，内容即运营，内容连接一切。

今天，每个人都是内容生产者，每个人都在想办法通过内容去获得用户。内容的生产变得越来越重要，这毋庸置疑。

在这个碎片化信息过载的时代，内容已经泛滥，但是好内容还是能受欢迎。我真心觉得未来的深度连接，还是依赖于深度内容。如果说新媒体过去的十年是短视频泛内容、浅内容、轻传播、弱关系、搞流量的时代，未来五年、十年，我认为还是会走向价值回归。新媒体红利会消失，因为新媒体终将成为每个人的基本工具，但是内容红利永存，因为好的内容永远稀缺。我们最终还是需要靠深度内容、重传播、强关系、搞口碑，这才是王道。

一本个人代表作，虽然只有 8 万 ~10 万字的内容，但足以让你和你的读者之间实现信息对称。

你的人生经历和体悟，是情绪同频的开始；在专业领域里你最能打动大众的方法论和底层认知，是信任的基础；你帮别人拿到过的结果和品牌案例，是用户选择你的前提。

从营销的角度来讲，你把一本个人代表作传递给用户，就相当于与用户进行了一场深入的隔空对话，实现了一次顾问式的销售转化。

读者足够了解你，对你产生充分的信任之后，才会记住你、选择你，帮你传播你的产品和服务，从而达到“不销而销”的效果。这是新时代赋予书的新价值以及新的营销机会。

这也是我为什么说，今天一个作者出一本书，要从书的形式回到对内容的重视，不只是要出一本能给自己背书的书，而且要出一本直接自带连接属性的书。

一本代表作，是对你认知的全面梳理，是你与用户的深度隔空对话，是多场景使用的社交名片、关系杠杆和流量入口。

《定位高手》畅销之后，每天都有朋友主动来找我。他们对我说："刘 Sir，我身边有朋友要出书，我能不能把他介绍给你？""我身边的朋友对定位有困惑，我能不能让他跟你连接？""看完你的书之后，我想写一本代表作，想找你做个咨询，可以吗？"

可见，书籍可以成为连接读者（包括潜在的客户）与作者之间的桥梁。读者认可作者，便可主动传播、推广，从而让作者能够连接到更多资源。

从营销的角度讲，今天的书籍的价值被严重低估了，说到底就是深度内容的价值被低估了。因为大家的关注点更多集中在短视频和直播上。可在我们看来，短视频和直播其实是内容营销的起点，它们通过一些碎片化的内容传播，让观众对这个 IP 有一个初步的了解和信任。

可是，随着用户对碎片化内容越来越麻木，购买的产品价值越来越高，他们做购买决策时的态度也会越来越谨慎。他们需要高度信任一个内容创作者之后，才会选择购买他的产品。

这也是为什么现在大家都越来越愿意看一条时长更长的短视频，而不愿意刷更多时长更短的短视频的原因。

而高度信任一定要配合深度的内容营销，要对用户进行深度的认知洗礼。一本代表作的出现，恰恰可以通过更严谨、更系统的方式来影响用户的认知，让用户对作者产生更深度的信任甚至是信赖。

加上书的购买成本不高，用户很容易做出购买决定，如果能在书中恰到好处地做好植入式营销，营销效果是会很喜人的。

在未来，对知识 IP、作家和想通过内容变现的朋友来说，书是更深度的内容营销。书对于内容营销的价值会越来越高，它能发挥的营销杠杆的作用会越来越大。

书是软性营销的工具

在做图书的营销时，很多作者都觉得推书很难。相较于从前，图书市场的大环境确实不太好。如今，想让一本书畅销的难度更大。但是只要看清了书的价值，我们就会发现，很多作者之所以觉得推一本书很费劲，不愿意去推书，主要有两个原因：

第一个原因，是作者从内容的源头上就没有定好位，没有构架好，没有写好，这本书无法成为他们的个人代表作，他们更不能通过这本书深入影响自己的读者，作者难免觉得这本书没有推销价值。

第二个原因，是很多作者只是把推书看成获得稿费、版税等直接收益的手段，因此他们觉得推书这件事投入产出比不划算，没必要花那么多时间和精力去推书。

我想反复地向这些朋友植入一个信念：书是最好的软性营销的工具，或者是软性营销的载体，书也可以给你的品牌带来背书和势能，书更可以成为你的流量入口，带来高价值变现。

比如，用发售的逻辑做一场新书发布会。它既是一次卖书的过程，也是一次私域用户的积累过程，更是一次高客单产品的成交过程。通过裂变，很多买了你书的朋友会沉淀成为你潜在的高价值客户。

在发售的过程中，用书做杠杆转化高客单产品的时候，你的信誉、背书因为书更强了，低客单转高客单的产品就有了巨大的机会。

用你的生命故事与用户情绪同频，用你面向大众的方法论和底层认知建立用户信任，用你的背书和权威以及帮别人取得成功的案例和故事让用户愿意与你产生高价值连接，这是软性营销的三个基本方式。

对作者来说，你在书里有温度的情绪、生命故事的体悟、关键时刻的抉择、底层的专业认知和方法论、帮用户取得成功的案例等，本身就是软性营销的一部分。可以说，书的内容就是软性营销的呈现。只不过，你没试过从营销的角度去思考一本书的价值。

如果你的书里有上面说到的这些内容，在传播的过程中，就不需要考虑营销的问题。再深一层，可以说，真正的营销是不销而销，靠吸引力，靠影响力，甚至是靠产品本身的能量场去影响客户的购买决策。

而代表作恰恰可以做到有吸引力，有影响力，有能量场，它不就是营销的极佳载体吗？

读到这里，想请你思考一下，如果你今天要去做一些营销，你觉得哪些方面能够影响用户的情绪、认知以及决策？可否试着罗列一下？

关系营销——筛选关键客户

在我们的关系社交中，一个人强关系的连接数量最多是150人。但是，现在一个人的微信可以加10000个好友，人的时间和精力都被分散、切割了，很多高价值的人脉反而没有时间联系。

对于做IP的作者，或者是做品牌的人来说，时间是最宝贵的资源。筛选和抓住关键客户，这是必须重视的事。毕竟，一个关键客户，可能抵得上1000个小客户。

就拿推书这件事来说，读书博主领域的头部IP小钱老师，是专门培养读书博主的，她有上万个做读书博主的学员。如果你能够撬动这样一个关键客户，请她帮你推一下书，是不是比你自己挨个地找1000个小读书博主更有效果？要知道，小钱老师的背后，站着上万个读书博主，她帮你推书，就意味着有上万个读书博主同时在推你的书。

我们有一条价值理念：**影响有影响力的人，成就想要成就他人的人。**为什么要影响有影响力的人？因为他们能影响更多的人。

我们能帮一位IP作者打造个人代表作，把他的理念传播出去，就意味着，我们可以影响他身边几十万甚至上百万的粉丝，影响IP就是影响更多的人，成就IP也就成就了更多的人。

一本书，让社交变得高效

书是关系杠杆，它可以帮你筛选关键客户，让社交变得更高效。

出版《定位高手》之前，我会对前期的客户筛选感到痛苦。只要对方有出书的需要，我就会跟他交流，可最终能形成合作的作者，所占比例很小。

现在如果有人跟我表达出书的需求，我就会说："你先看看我的这本《定位高手》，书里包含了大部分与IP打造和出书有关的底层认知，你想解决的99%的问题在这里面都有答案。"

看完我的书之后，如果他们决定要和我连接，甚至是加入书香学舍，我再和他们交流。这样做为彼此都节约了时间。

以前，我跟作者会面十次，可能有九次都是无效的。现在，我和作者进行一对一的线下见面交流，十次里有九次都是有效的。这说明，在帮我筛选有价值的用户甚至是关键客户方面，我的这本代表作发挥了巨大的作用。

关键客户引爆图书的逻辑

书的引爆原理，就像把一颗石子丢进平静的湖里，从中心到四周，形成一道道涟漪，所到之处，都是影响范围。

只是过去的引爆，"石子"是平台；今天的引爆，"石子"

是关键客户。

过去，人们在互联网上的链接，是基于平台的链接，呈单点、散点状态。一本书的引爆，是先在一个平台引爆，其他的平台或者渠道看到了这本书具备快速的传播效应，就会主动帮你推广。

今天，流量几乎被“超级个体”握在手中，每个人都有自己的圈子，每个人都是一个小的平台。圈子里的人，就是你的关键客户。如果你有2000~5000人的私域，有1000个铁杆粉丝，就可能实现引爆。也就是说，引爆的核心是从你的关键客户开始的，是通过圈子的引爆，不断地在不同的圈子里引爆。

如果不撬动关键客户，帮你做最大化的引爆，只是指望陌生客户推广你的书，就相当于一个空心的圆，里面几乎没有什么推力，即使“爆炸”，威力也很小。

肖厂长的《请停止无效社交》，上市不到1天的时间，就在自己的一个几百人的社群里卖了将近2万本，达到了大多数作者一年都卖不到的量，我们用的就是关键客户引爆的逻辑。

当然，这个社群是作者的一个高客单价的圈子，里面都是他社交关系链里最认可他的高价值关键客户。这也是我为什么一再强调，每一个IP老师都需要打造自己的核心圈子和社群。

当然，私域的引爆，需要转化到公域，用私域带动公域。通过当当网或者京东之类的标杆性的大众渠道的榜单，来呈现书的销量。书一旦上榜，就会引起其他媒介、其他机构平台的重视，新的营销渠道自然就出现了。

大多数出版方，在决定要不要出版你这类依赖推广的书时，都会看你的粉丝量有多少，能为你购买多少本书。粉丝量就是你的关系量，通过这个数据，出版方能看到有多少人愿意托举你，来撑起这本书的销量。

当然，出版方关注的不只是粉丝的数量，还有粉丝的质量。粉丝质量的高低是通过私域用户、认可你的关键客户的多少来决定的，这个数字越精准，也就越能预估书的销量。

因此，IP 要意识到筛选关键客户有多重要，用书去筛选关键客户，用关键客户的思维去引爆你的营销意识。

知识分层，客户也分层

我们之前讲过一个基本理论——内容是漏斗，知识要分层。这其实就是我们筛选关键客户的方法。如果你做好了知识分层，就可以层层筛选你的关键客户。而书贯穿始终，在每个环节的筛选里，它都可以发挥“加杠杆”的作用。

具体来说，客户关系可以分为九个层次。

第一个层次是大众，我们一直强调，书一定要大众感兴趣，因为令大众感兴趣才能让你的读者群足够广，才能让你捕获最多的用户。书是一个超级获客工具，贯穿你的全域，它的受众是最广大的人群。

第二个层次是潜在客户，在大众群体中筛选出潜在客户。

第三个层次是意向客户，指的是潜在客户中，有意向购买你的产品的客户。

第四个层次是精准客户，这部分客户不仅有意向，而且目标都已经非常精准了。

第五个层次是低客单客户，他们也许只买了你一本书，但是可以替你传播。

第六个层次是普通的高客单客户，他们会买你几千元的产品，是相对高端的客户。

第七个层次是高价值的高客单客户，除了购买你的产品，他们还是你的案例，可以展现你拿到的成果。

第八个层次是核心客户，人数不会太多，却是引爆图书的关键群体。

第九个层次是轻合伙人，他们是全案合作的客户，和你的联系非常紧密。

有了关系分层的意识，你就知道，如何借助不同的内容产品层层递进地筛选客户。在整个过程中，书是贯穿九个层次的，从大众到轻合伙人，都可以看你的书，都可以成为你关系杠杆的一部分。

所以，你一定要做好用户的分层管理。对用户进行分层管理之后，你就可以打造与不同层次相对应的产品。比如说，作为公域名片的置顶短视频、充当私域名片的介绍信、能成为流动的社交名片的代表作、一对多公开课或免费直播、一对多录播课、一对多训练营、一对一咨询、一对一或者多对一的陪跑项目、一对一或者多对一的轻合伙全案落地等。

客户分层和产品分层之后，你的客户筛选会更精准，相应层次的客户就会主动来找你。你的社交效率提高了。其实这个过程就是把你的核心能力进行社交产品化的过程。

社交关系产品化

过去，很常见的一种社交方式是：有正事要谈，就去吃饭，边吃饭边沟通；没有正事，也去吃个饭，加深一下感情。这种社交方式主要是人情社交。

现在，时间是最宝贵的资源，社交效率的提升，是必须解决的问题。社交关系产品化，可能会成为未来的趋势，也是大多数人的必然选择。

什么是社交关系产品化？简单地说，就是把你与可能的客户建立连接的社交时间变成你的产品和服务。可以有社交，可以为客户解决问题，但如果是为了工作，就让客户购买你的一对一咨询服务，用你的专业能力帮客户解决问题，这就是社交关系产品化。

我们有一个合作的作者，她有 1.7 万个私域客户，每天和客户一对一地聊，根本聊不过来。有的时候，一些客户的信息，她要几个月之后才能看到和回复。这种沟通方式，让一些私域客户产生了不满的情绪。她很想尽可能地为客户提供更贴心的服务，但是她真的没那么多时间，所以顾此失彼，适得其反。

最主要的原因，就是她没有把社交关系产品化，没有设计相应的一对多的产品和一对一的产品，总是免费提供产品和服务。如果她有收费的产品，通过产品筛选客户的同时，也可以节省自己的时间，让客户更加认真对待与自己的连接的同时，也能真正为自己和客户创造更大的收益。

我总给找我咨询的作者一个相同的建议：**在这个流量越来越贵的时代，关系营销是让关键客户帮你推荐、引爆图书的关键动作。**对那些真正认可你的人，应该让他们帮你去传播。他们对你的传播价值，是可以从强关系开始去引爆，带动弱关系层层递进地扩散。他们的传播，是用证言的方式去吸引潜在的客户，这样的传播，更加客观，也没有那么功利，它能产生的效果，甚至好于你直接给用户“种草”。

在关系营销中，最重要的就是将社交关系产品化。一个内容生产者、创作者，有了社交关系产品化的意识，既能提高你的社交效率，也能把你的时间分配给对的人、真的需要你的人，让你们彼此产生更大的价值赋能。

读完这一节，不妨问问自己，你的关键客户有哪些？如果把你目前传播的内容进行用户分层，你的核心客户有多少？高价值客户有多少？高客单客户有多少？低客单客户又有多少？

事件营销——和他人做事件营销的入口

我们遇到过一些作者，他们常常会觉得书不好卖。可是，我们几乎没有遇到过这样的困扰。

因为在新书上市时，我们会跟事件营销相结合，策划一个有影响力的营销事件，为新书上市做宣传，在不同的阶段，我们也会策划相应的事件营销。

什么是事件营销

所谓事件营销，就是在特殊的时间，找特殊的人，做特殊的事。有特殊的点，就能吸引人们围观，有围观就有热度，就能够引爆。

简单点说，做事件营销就是找“特殊”，这样看来，做事件营销还难吗？把一本书卖得畅销还难吗？不难，关键是你要去做，要懂得借助事件。

很多年前，我给一位作者策划出版过一本书。这是一本投资人投资笔记的合集，正常情况下，这样的合著的书是很难卖的。通过一些方法，我们证明了自己的能力。

我主要做对了两点：一是起了一个符合读者需求的名字；二是把这本书与作者要做的大事件结合在了一起。

这本书上市时，正好赶上作者举办一个大型活动，这就是一个可以借用的营销事件。他们希望做一个庆祝活动，就让每个投资人都写了一篇投资人的心得笔记。我把这些笔记整合起来，站在创业者和内心有创业梦想的人的底层需求角度，给这本书起了一个名字。

活动当天，他们办了一个揭幕仪式。我说服作者做了一本超级大的书。参与仪式的人，只要转发活动信息，就有这本书出现。当时很多知名企业家都转发了这个事件，也转发了这本书的消息。就这样，我们把书跟大事件结合起来，促进了书的售卖。

事件营销，往往能起到“一波流”的销售作用。在《浪潮式发售》中，杰夫·沃克总结了“一波流”的营销打法，过去只是做事件营销，现在还有大事件营销、大事件发售。

我们相信，想把书卖到1万册、10万册，甚至上百万册，必须持续地做事件营销。

叠加让事件营销更有爆发力

传统模式中，一本书的事件营销，最重要的一个事件就是作者的新书发布会。后来，有一种更加有吸引力的做法，就是把一个事件跟一个故事结合起来，通过叠加的方式，让读者产生更强烈的好奇心，让营销更有爆发力。

众筹网刚刚出现的时候，我们就用众筹的方式为一位作者发布了他的新书。召开新书发布会的时候，作者做了一次演讲，演讲的主要内容，就是结合他离开某相亲节目背后的故事来讲他的生命故事。

在这场事件营销中，我们叠加了好几个因素。

第一，众筹这个工具，很多人没见过，众筹门票能引发大众的好奇心。

第二，有新书上市演讲这样一场线下活动作为载体，能吸引很多读者参与到营销活动中。

第三，作者离开某相亲节目背后的故事，是大家都很感兴趣的。

这三个因素叠加在一起，可以最大化地引发用户的关注和媒体的报道。

事件营销的背后，最重要的是引爆用户的情绪。而且，高级的事件营销，只是停留在情绪层面上肯定是不够的，还需要用正确的价值观来影响用户。一旦价值观出现偏差，很容易让事件营销变成事故。

一本书的事件营销，就是你个人品牌资产或者人脉资产的一次集中变现。从这个角度来讲，需要你动用所有的人脉资产，做最大限度的引爆，做最大化的变现。

事件营销做得好，可以带来连续性的事件

大事件营销做得好的话，可以带来连续性的事件。你的消息被传播出去之后，认识你的人可能邀请你去做连麦、分享，不认识你的人也可能会慕名而来，还有媒体记者可能会主动来采访你。

这样，会产生一连串的事件。一般来说，在一场大事件之后，连续三个月都会产生大大小小的事件，在这个过程中，还有可能迭代出新的事件，所以营销周期必须想办法拉长。

我的《定位高手》上市时，结合书香学舍的分享活动做了一场小发售，身边的很多朋友买了10本、20本、50本、100本、200本、400本、500本。

这个消息在朋友圈传播出去之后，我们的很多朋友，哪怕很久没联系的朋友，都知道我的新书上市了，都来买我的书支持我。

后来，创客匠人的CEO蒋总正好要做一场线下的千人峰会。他知道我的新书出版上市了，并且售卖得还不错，就邀请我去他的线下千人峰会演讲，在做知识IP的作者们面前推荐我的书。

在这次线下的千人峰会演讲中，我们又叠加了一次共同合作，叫作“行业代表作计划”，这给我们带来了后端上百万元的变现，又构成了一个新的事件叠加。

就这样，我们的事件营销带来了持续的影响力。

新书上市的前三个月很重要

需要提醒大家的是，最大的一次事件营销，一定要放在新书上市的前三个月。中国每年新出版的图书有近 20 万种，要想从中脱颖而出，营销活动的声响要足够大。

书的售卖，要考虑媒体的属性、内容及营销。新书上市的前三个月里，网站是最愿意给你资源位置的；而线下书店也会在新书上市的前三个月里及时采购。

在新书上市的前三个月里，如果你做了足够好的事件营销，效果也很好，你的书是很容易被别人看到，并且被采购的。

很多优秀作者，确实也是这样做的。他们知道，一本书只有被更多的读者看到，才会产生更大的价值。

《从你的全世界路过》的作者张嘉佳，在他这本书上市的时候，做了几十场签售；《谁的青春不迷茫》的作者、我的师兄刘同卖他的新书的时候，三个月举办了一百场线下签售活动。

乔布斯、雷军、周鸿祎、俞敏洪这样的超级 IP，更是世界级的营销高手，他们的粉丝量从 10 万、100 万、200 万，到 500 万、1000 万、2000 万，每个层级都伴随着事件营销。

一本书的生产过程是十月怀胎，一本书的售卖过程就是赋予它生命。因为一本书只有被读者读到，才能够影响生命。所以，千万不要把事件营销当作一个噱头，心生反感。否则，你就走到了市场经济的对立面。

当然，即便在新书上市的前三个月里，因为各种原因，没有做最大化的传播，你还是可以让书持续跟事件结合，做长期的推广，形成一个价值最大化的杠杆。

如果你接下来要出一本书，不妨想一想，你可以跟什么样的事件结合，做一场事件营销呢？

圈子营销——搞私域流量

很多作者没有办法把书推好，其原因之一，是他们忽视了圈子的力量。或者，有些作者根本没有刻意打造自己的圈子。

实际上，只要理解了“定位要垂直，内容是漏斗，知识要分层”这三句话，理论上每个人都可以打造一个属于自己的相对高价值的圈子。

当然，在你的势能还不够的时候，可以先加入一个适合的圈子。先在这个圈子里出名、成为“群红”，再去打造自己的圈子。

当你有了自己的高价值朋友圈、社交圈、娱乐圈，并能把书的营销跟圈子相结合，就可以快速把书引爆。

试想一下，你人生当中最重要的一本书马上就要出版了，你去跟你的好朋友说：“我最重要的新书要上市了，你可不可以支持我 50 本？可不可以帮我推广一下？”作为你的好朋友，他会拒绝你吗？一般不会。

为什么要做圈子营销

在前文“关系营销”这部分内容中，我们已经讲过，关键客户是引爆营销活动的重中之重。每一个关键客户，都可能拥有一个小平台，都有自己的圈子，都是圈子里的 KOL（关键意见领袖）、KOC（关键意见消费者）。

销售产品的时候，从这些关键客户入手，通过他们来打入不同的圈子，逐步影响他们各自的粉丝。或者，找到一个最大的引爆原点去引爆它，再不断地在不同的“小圈子”里面引爆，形成一个散点式的引爆。这两种方法，都可以让推书的效率最大化。

我的《定位高手》就是在书香学舍里引爆之后，很多 IP 老师基于我的这本书组织各种各样的共读会，或是跟我连麦，然后在不同的圈子里引爆的，最终让我顺利地完成“出圈”（跳出现有的圈子），走到公众面前。这个过程，就是圈子引爆的逻辑。

随着一本书的引爆，会有更多、更高价值的人跟你产生连接，出版方、出版人也会帮助你去做一些连接。这些都是破圈的一部分，是获得更多私域流量的机会。

在书香学舍，我们会帮助那些跟我们共创的作者，连接其他能力相匹配的作者。通过连麦、分享等活动，来扩大他们的影响力。

理论上，你的书卖到两三万册的时候，主要靠自己能够链接到的圈子来做营销。但当你卖到 5 万册、10 万册的时候，出版方就会重视你，给你一些比你稍微高一个等级，但是又不会高太多的圈子去链接。

当你的书卖到 20 万册以上，成为畅销书作家的时候，你就有了更大的公众影响力。如果你的圈子建设得好，能让你和帮你推书的人相互成就，你就有机会进入更高的圈层，请一些更厉害的 KOL、KOC、IP 作者帮你推书。

当你很有价值的时候，会更容易被更多的人推荐，这就叫圈子的“互为势能”。这个时候，你就会发现，你不用做任何动作，出版方也不用做任何动作，就会有人主动推你的书。

这就是为什么，一本书卖到 1 万册，大部分靠自己卖，而从 3 万册到 5 万册，从 5 万册到 10 万册，从 10 万册到 20 万册，从 20 万册到 50 万册，从 50 万册到 100 万册，它会越卖越顺畅。书卖得越畅销，就越有人帮你卖，你只需要充当“润滑剂”，从中助推就可以了，这就是圈子营销的魅力。

吸引高价值的“关键先生”

了解了圈子营销的底层逻辑之后，就不难理解，对于一个 IP、一个内容生产者、一个想要成为畅销书作家的人来说，要打造自己的品牌，就要有意识地吸引一些高价值的关键人物。这些“关键先生”是打开某个认知领域的一扇窗，是让你的书变畅销的关键。

同时，想要一本书畅销的话，你要加入几个关键性的圈子。

第一个圈子是出版圈，只有加入出版圈，才有可能找到真正适合的出版人，出版人看中你的书，帮你把书出版出来。

第二个圈子是作者圈，加入作者圈之后，可以相互激发，让你更有动力、更好地打磨自己的书稿内容，为你的书能够出版赋能。

第三个圈子是IP圈，出版一本书比较简单，但想让它卖爆，就离不开营销推广，而IP与IP之间的相互助力和赋能就至关重要。

这也是我做书香学舍的原因，是我这两年努力让书香学舍具备出版圈、作者圈、IP圈三个圈子的价值属性的动力所在。

有意识地加入一些有影响力的圈层，连接一些高价值的“关键先生”，相信你的书不会卖得太差。

随着你不断进阶，你周围的人会越来越高维，你打入的圈子的价值也会越来越大。当你有自己的圈子的时候，圈子营销就可以做得更好，你可以跟其他老师进行流量互换，你去别人的圈子做一场营销，别人来你的圈子做一场互动，甚至你的圈子可以和其他人的圈子做联动。

现在，很多作者会主动找我帮他们助力，我与他们连接的过程中，我和我的书就变成了他们的内容，我本人在他们的圈子里也有了影响力。

懂得能量的回流

当然，别人主动邀请你，为你增加私域流量的时候，你也要懂得能量的回流，为对方赋能，为自己的学员和粉丝谋取更多福利。

你的学员跟你学东西，不只需要你的技能，也有其他维度的需求。邀请那些给你高价值链接的作者到你的圈子里做分享，可以让双方互为势能，共同进阶。

我们觉得，在能量回流上做得最好的老师，是剽悍一只猫，他经常在书香学舍里做贡献，还在不同的圈子里分享内容，是一位做事非常到位的“群红”。只要某个圈子的群主有需要，甚至不用开口请求，他就会主动提供帮助。

所以，即便很少有人知道他的真实相貌，他的圈子影响力依然很大。他每年一次的“知识星球”售卖，基本是大家组团给他在各自的圈子里做营销。他很懂得能量回流，拿出至少一半的利润分给那些帮他做营销的学员，这就是一种共赢思维。在成就自己的同时，也在成就别人。

不论是公域还是私域，那些还不错的圈子经营者，如果和别人形成一种合作关系，组成联盟，来组织分工做一件事，就会产生巨人的影响力。

在各行各业的商业世界中，联盟正在成为一种常态。这种联盟如果可以持续进阶，创造更大价值的可能性也就更大。

与我们合作出书的海峰老师，是做联盟的高手。他有一个DISC（一种人格测试）社群，里面聚集了很多高价值的老师。在他的这个圈子里，每个人都是平等的、互相尊重的、具有利他思维的。他们彼此称呼 DISC 学长、学姐，大家都在同一个层次，没有所谓的老师。

圈子成员之间，信息共享、认知共享、资源共享。每个人都发挥自己的优势，为社群做贡献，为他人创造价值。这样互帮互助，使得整个社群充满了能量，所有人都从中受益，获得成长。

平时一直注重经营圈子的人，做圈子营销是没有门槛的；而平时不注意经营圈子的人，想做圈子营销的时候，才意识到自己缺乏这方面的认知。

从某种意义上说，圈子营销只是圈子经营的一个结果而已，而不是刻意为之的营销目标。

如果你能意识到圈子营销的价值，不妨问问自己，如果你是一个做书、出书的 IP 作者，你有没有经营过自己的圈子？有没有加入过别人的圈子？你接下来打算怎么构建自己的联盟呢？

口碑营销——让读者为你“种草”

小的破圈靠吸引力，大的破圈靠口碑。不管你是做 IP、出书，还是做个普普通通的员工，最重要的都是经营好你的口碑。

我们接触过很多 IP 作者，所有高客单产品的售卖，都离不开口碑的营销。一个客户后面站着十个客户。你在一个客户那里的口碑坏了，就可能影响到十个甚至上百个客户。

有好口碑的人不缺流量

想树立好口碑，书是物超所值的工具之一。它的价格低，但是交付给客户的价值高。

有些知识、理念、认知，如果实地去学，读者也许要花几万元，甚至是几十万元、上百万元，还要跑到不同城市，去见不同的人。但是，你把这些东西都放在书里，那么读者只需要花几十块钱，就可以获得了。

从这个角度上说，想经营好自己的口碑，就要用心经营你的代表作，诚心诚意地为用户解决他们的问题，解决他们的痛点。这样，他们自然会相信你、跟随你，你的流量自然而然就来了。

真正有好口碑的人，是从来不缺流量的。你真的能给别人提供很好的产品、服务和很高的价值，别人自然会去帮你跟平台链接。如果你还有短视频、新媒体之类工具的加持，流量就会被放大 10 倍，甚至 100 倍。

反过来，如果你靠短视频、新媒体工具抢到了一些流量红利，但本身的口碑不太好，或者说本身能力不是很强，没有什么口碑可言，那么你获得的流量也只是暂时的，它一定会离你而去，甚至有可能会反噬你。

有意识地打造好口碑

书的营销，当然也需要注重口碑。我们身边也有一些书，最初没有做好营销动作，但是通过时间的酝酿、口碑的积累，慢慢地也变成了畅销书。

因此，有意识地打造好口碑，对推书而言，是至关重要的。至于如何打造，我们也有自己的一些想法。

第一点，把书的内容做好，是口碑营销的第一步。

从书的营销上来讲，所有的营销动作都只是加速了一本书的引爆。也就是说，营销永远只会锦上添花，不可能雪中送炭。营销只是起到了加速和放大的作用，只是助推了价值的传播。

把定位做好、把策划做好、把内容做好，才是做好口碑的第一步。

当书的内容足够好，真的能够满足大众需求的时候，大家就会主动帮你传播。比如说，文化名人、一些娱乐领域的大咖，他们就可能在某些场合提到你的这本书，让你的书引爆。

当然，如果作者本身就是领域内的专家或权威人士，比如霍金，他写的《时间简史》虽然对非专业的人来说，有些晦涩，有些超出认知，但它一样可以成为畅销书。这样的背书，是对推书的加持，是可遇而不可求的好机会。

第二点，人书合一。

一本书最好的呈现状态，就是人书合一，既把内容做好，又把人经营好。这样的话，就可以让书和人互为势能。

如果你还能懂一些新媒体工具的方法和技巧，懂得一些个人品牌经营的方法和技巧，还懂得把内容做好的方法和技巧，那么你的能力是非常突出的。

想做到人书合一，先要打造一本个人代表作，用内容呈现最真实的你。至于经营人的层面，要打造好口碑就要利他。如果一个人不懂得利他，不懂得尊重他人，是很难有好口碑的。

第三点，懂得展示自己。

一个知识生产者、作家或者 IP，不仅要懂得为别人做贡献，还要懂得展示自己。展示自己，也有三个层次的区分。

第一个层次，你行不行不重要，别人觉得你行才重要。在 IP 经济的时代，要边学边干边输出。让别人看到你做了什么事情，这是你的价值展示，也是做事的一部分。你要展示自己，重要的是让别人觉得你能胜任，觉得你行。

第二个层次，你做得好不好不重要，别人觉得你做得好才

重要。你觉得做得很好，别人却觉得你做得不好的时候，你会得到很多负面反馈，做着做着，就没有动力了，慢慢地就做得不好了。你觉得做得不够好，别人觉得你做得很好的时候，你会得到很多正面反馈，你的内在动力变强，会做得越来越好。这是更进一步，不仅让别人看到你做了，还要让别人觉得你做得好。

第三个层次，你亲手做没做不重要，别人觉得你做了才重要。人在 35~40 岁的时候，会逐渐进入人生的下一个阶段，要靠你的影响力做事情，靠影响力影响他人做事情。有时候，你让别人在你的影响下做了事情，这本身就是一种影响力和领导力，是一种无形的力量。

在这里送给拿起这本书的你一句话：请把让别人觉得你行、让别人觉得你做得好、让别人觉得你做了，也当作“做”的一部分，而且是很重要的一部分。

第四点，懂得借势。

借势，就是借用势能。你的借势对象，可以是人，可以是事，可以是物，也可以是时代潮流。

你出版一本新书之后，要去找人推荐。有人愿意帮你推荐，愿意托举你，你就能靠他们的势能增加书的销量，提升自己的影响力，这就是你在借人的势。

人们对热点总是充满关注，具有正向价值观的热点值得一借。如果你的书能够成为这样一个话题或热点，或者参与到这样一个话题或热点中，就可以把你的口碑放大，这就是借事的势。

当然，你还可以借时代潮流，也就是趋势的势。国家大力倡导文化自信、科技强国，你写一本关于科技创新的书，就是在借趋势的势。

在借势方面有一条重要的认知，那就是把自己的代表作作为自己年度战略的一部分，把自己的代表作变成他人战略的一部分，把自己的代表作融入一群人、一个行业、一个产业创新的一部分，这就是借势的最高维度的三个层次。

第五点，使用新的媒介工具，放大你的势能。

微博、微信、短视频、直播等工具，都可以用于放大口碑。发售与新媒体的结合，也是一种新型的营销方法。

但是，一定要注意，在放大你的价值和长期口碑之间，要保持一个平衡。过度使用裂变、杠杆去传播一个产品，有可能损害核心客户对你的认知和口碑。

进行图书发售的时候，不能过度打扰用户。做裂变的时候，也不能过度功利。如果你一味地刺激用户，却没有价值观的引导，有可能会损伤你在关键客户心里的口碑，反而给你带来负面影响。

第六点，构建口碑系统。

在这本书里，还有很多不同场景中，我们一直强调定位要垂直，内容是漏斗，知识要分层。这背后隐藏的逻辑是，要像打造系统一样打造你的口碑。当你构建了一个 IP 进化的正向循环系统的时候，你的口碑效益会被快速放大，会像滚雪球一样滚起来。

第七点，制造场域，成为别人的流量入口。

打造好口碑，也可以通过制造场域来实现。方法是，你可以定期邀请一位作家来自己的直播间进行交流。这个直播间就是一个流量场，你们彼此赋能，让双方的知名度和关注度都有所提升，各自的流量也有所增加。

当你有了自己的场域，就可以拥有更多的被动流量。以书为媒，以书交友，以书造场，成为别人的一个流量入口。更多的人认识你和你的代表作的时候，你的口碑会越来越好，有源源不断的新流量进来。

口碑营销怎么做

作者在出书的时候，一定要了解出版方会怎么帮你做口碑营销。比较常见的动作，就是在小红书、抖音、视频号“种草”，让读书博主、普通人推荐你的书。

我们在为作者打造代表作的时候，会号召很多读书博主在小红书、抖音上一起“种草”，邀请大咖给这本书写推荐或者拍推荐视频，还会让一些认可我们的粉丝，帮我们在豆瓣上评分。我们甚至会在当当和京东等网站的网页上，引导读了书的粉丝去打分、评价，等等。

未来，是一个口碑营销的时代。这些推荐、评分和评价，说明你的书是经过权威媒体的背书、名人的背书的，是经过市场的验证的。

通过这一系列的口碑营销活动，作者的口碑会越来越好。在网络上的口碑越好，作者的书就卖得越好。

做口碑营销，一定不要怕客户的负面评价。从这些评价中，你也可以获得迭代的方向和灵感。

《定位高手》上市的时候，我很关注平台的评论。其中一些读者的负面评价，让我感觉很不舒服，我不理解为什么会有这样的评价。

可是，冷静思考之后，我意识到，他们可能不是我的目标读者和潜在客户。他们也许是完全不理解我讲的内容，会觉得我的书像是一本励志书，所以给出这样的评价不足为奇。

想要出书、做 IP 的人，会给我比较客观的评价，会觉得书里的内容有价值，他们是我的核心目标读者和核心客户，他们的评价对我的价值更大。

有一位读者问我："刘 Sir，'第一性原理'是什么意思？"

我向他做了解释，但也意识到，很多我了解的知识，读者并不一定知道。我看的商业财经书比较多，常常接触"第一性原理"，写书的时候就一笔带过了。如果当时用一两句话稍微解释一下什么是"第一性原理"，读者的阅读体验会好很多。

从这样的反馈中，也可以看到口碑营销的重要性。如果你认为，他不是我的目标读者，随便他，没必要去解释，甚至讨厌他，这不仅是偏激，更是对口碑的伤害。

换一种思路想一想，每个读者都是一面镜子，能照出你的优点，也能照出你的不足。以正确的心态去面对口碑，可以让我们走得更远。

做好口碑最重要的就是，做有积累的事，做对自己的价值有长期积累的事，做对自己的品牌有长期积累的事，这样就会避免自己口碑的崩塌。

因为，当你注重积累的时候，你会考虑长期主义和长期价值，你看待问题的维度自然而然就拉宽了，也就不会在意一两件事情本身，而是看到其更长期的价值，你的反馈也就更加正向。客户感同身受，会给你相应的回报。

当你用口碑营销的思维去推广自己的书时，就会意识到，一本书的推广，其实就是你长期积累的口碑的一次全面爆发。

读到这里，不妨问问自己，你花了多长时间、多少精力去打造一本代表作？你又花了多长时间、多少精力去经营你的个人品牌？在上文提供的那些方法、建议里面，你做到了哪些事，又有哪些没做到？在你看来，哪些是接下来一定要去做的呢？

第五章【发售篇】

用发售让一本书价值最大化

强人设 + 高势能 + 火出圈
= 代表作 + 发售
= 价值最大化的大事件营销

书 + 发售 = 王炸

很多人，尤其是知识 IP 圈外的人，可能对“发售”这一概念不太了解。发售在我看来，是一场以一对多公开销售为目的、以大事件为依托、基于人性的活动流程设计。它是一种新兴的营销方式，是在传统事件营销之上的一种迭代。也正是因为新媒介工具的成熟，它变得流行，被更多“超级个体”与知识 IP 运用。

那么，发售与传统营销模式的区别是什么呢?

在传统的营销模式中，一个新产品上市时，一般都会举办新品发布会。这个发布会，主要是为了宣传产品，发布相关消息，不侧重于销售。发售则是在实现传统营销功能的同时，通过一次集中式发布，将产品实实在在地销售出去。

发售的迭代进化

发售的营销模式，可以用在多个领域、多种产品的营销上。而且随着科技的进步，发售模式也在不断迭代和进化。

传统的发售形式，是一次集中式的“提款”，也就是把自己的人脉和信用当作一种资产，进行一次集中变现。但这种“提款”的次数和范围都极为有限，你可能一年只能做 1~2 次，有的甚至一年只能“提款”一次。

随着互联网工具的发展，发售已经不局限于自己的人脉和信用，而是可以通过网络实现更加广泛的触达，大家都在思考，如何用互联网工具进行二度人脉，甚至三度、四度、六度人脉的撬动，这个过程，我们称之为裂变。

裂变加发售具备“半积累”属性，不仅可以从你现有的用户中“提款”，还可以通过二度人脉“提款”，从而扩大一度人脉的数量和发售的影响范围。

这种迭代后的发售模式，不仅要求你去触达自己的微信好友，更重要的是动员你的核心客户和对营销过程感兴趣的朋友，一起参与到发售当中来。

招募的人越多，你的裂变就能够做得越好，后期发售的变现也可能越大。

发售是可以不断迭代升级的，更好的迭代升级源于更好的有参与感的设计，而更好的有参与感的设计没有做不到，只有想不到。我一直觉得边学边干边输出是今天个体进化的核心心法，也就是在干中学、在学中悟的过程。实践中的学习才是最好的学习。任何有价值的实践背后，都蕴含着专业知识，这些知识又能转化为可供学习的产品，甚至是互动性的知识付费产品，推动着我们行业的进步和升级。

现在，越来越多的人开始采用裂变加发售的方式，来实现用户基数的增长和私域的扩展。但是，一定要注意，如果只照着流程干，在每一个落地的环节中缺乏对人性颗粒度更细的理解和激发，裂变加发售很难执行好，也会带来一系列负面影响。

比如，过度商业化让大家觉得抵触和反感，导致自己的口碑受损，甚至致使你的好友不再关注你、删除你，等等。因此，你必须把握好尺度，不要过于功利化，要回归到对价值观的倡导上，提升用户的体验。

我发自内心地认为，发售是一场更高级的、全维度的营销认知的落地实战。

“书 + 发售”的优势

我们在这里要讨论“书 + 发售”的模型，我认为这将是未来 5~10 年最主流的 IP 内容营销变现方式之一。

互联网发展的历程中，新媒介工具层出不穷，人人都是内容生产者，每个人都想通过新、奇、特去吸引用户的注意力。用一句话来概括就是：以浅内容、泛流量、轻传播、弱关系为主导。在线的一对多内容变现产品还是以低客单变现为主流。

今天用户对于深度内容的容忍度更高了，愿意关注的账号更少了，对一条优质短视频的时长容忍度更长了。我对未来的判断是：深度内容、精准流量、重传播、强关系会成为专家型的内容生产者重要的变现策略。在线的一对多内容变现产品越来越趋向于高客单。

知识付费不再只是纯粹地靠卖信息差和认知差，而是越来越多地会卖确定性的结果和充满可能性的过程体验。确定性的结果指的是高客单的咨询、陪跑或全案落地，充满可能性的过程体验，则是带有浓厚参与感的实战过程。

我深信，**“深度内容 + 重传播”会越来越成为用户注意力稀缺时代下内容营销的主流，而“书 + 发售”就是最好的落地模型。**当然，书越能与 IP 做到人书合一，效果越理想。这也是我为什么强调一本书最好是 IP 老师代表作的原因。

书在发售的过程中，是引流最好的引流品，也是裂变最好的裂变工具，更是转化成交时影响用户心理最重要的验货品。

知识 IP、内容从业者、出版人，都需要去研究“书 + 发售”的模型。它是新书出版营销创新的方向，是知识 IP 商业变现最值得探索的方向，也是更高效的一对多价值连接充满最多可能性的所在。

我们回到一本书在发售中的价值，当你有一本新书，尤其是一本个人代表作时，它能在发售中发挥什么作用呢？

第一，书能为你的潜在客户提供了解你的机会，让他们对你有一种感性且全面的认知，有助于帮你与客户同频，让他们信任你，并且选择你。这也是为什么我说，不要只是出一本帮你贴标签的书，而是要出一本帮你自带连接的书。一定要回到对书的内容的重视。第二，书上可以适当增加有引流作用的二维码，作为裂变工具，将公域的流量积累到你的私域。第三，新书上市天然需要大事件营销，将新书的发布与另一个高客单产品的发售结合起来，往往能够实现效果的叠加，满足更多层次的客户需求，实现多层次的价值连接，快速引爆市场。第四，书作为一种文化产品，有权威背书的作用，有助于提升你的品牌形象，淡化发售活动的功利色彩。

接下来，就拿我的《定位高手》举例，看我是如何进行“书+发售”策划营销的。

首先，我选择了和大事件进行结合——新书上市、我的40岁生日，以及我们书香学舍的一次线下活动。这是一次“多位一体”的大事件引爆，把事件营销的价值利用到了极致，为本次“书+发售”的活动最大化地赋予了活动情绪与情感的价值。

其次，我把所有的人脉资源做了一次调动，邀请了20位左右的嘉宾与我分批次地连麦，每位嘉宾的连麦时间大约是30~50分钟。通过这些嘉宾为我助攻，直播间有了很不错的销量。这是我高价值人脉资源的一次集中变现，让读者最大化地从我身边高价值朋友的嘴里了解我。

同时，我还设置了不同层次的产品福利，比如客户买10本、50本、100本，乃至200本、500本书，分别赠送相应的福利。这就是我们一直说的，不能单方面地消耗人脉资源，要给客户一些回报，也就是通过赠送福利让他们帮我进行传播，这本质上是一次裂变式的团购，是利用客户帮我去撬动二度人脉，甚至利用他们的公域流量帮我推广。

直播结束之后，我们又发起了一个实战营，招募了一批买了我的书的读者，让他们观摩我是怎么做实战、做裂变、做发售、做大事件引爆的，带着他们边学边干边输出。这不仅能增加他们的参与度，让他们更深入地了解我与我公司的品牌，还能发动他们邀请更多的朋友来参加我们的实战营，这本质上是又一次裂变。

更重要的是，从书的营销到后端高客单产品的变现，整个过程没有太强的纯销售色彩，而是感召式的。这次活动给我们带来了很大的品牌效应，撬动了更多的作者参加我们线上和线下的活动。

在 2024 年 10 月，我们策划出版的新书《人人都需要的销售演讲力》作者周宇霖与我们一起，发动更多的参与者进行了一次“书 + 发售 + 销讲”的模型迭代测试，取得了更让人眼前一亮的成绩。他的私域才几千好友，却凭借一本书上市即首发 10 万册，通过裂变前期更充分的合伙人招募，直接发售就带来了上千万元的变现。这充分证明，“书 + 发售”这个模型的威力。

当然，“书 + 发售”的模型背后，有一个非常重要的底层认知是：**新媒体红利会消失，内容红利永生。**如果你本身只是一个花架子，没有深厚的功力积累，一来很难写好一本书的内容，二来也很难在一个相对长周期的重传播里吸引到真正认可你的人。未来，只有专业才能生存。

IP 用书做发售的基本认知

如果你想像我们一样，用“书 + 发售”的模型来扩大影响力，有几条基本认知，你必须记住。

第一，单纯的发售行为，只是个人品牌资产的一次变现和透支。“书 + 发售”才是变现加积累的过程，它能将书籍的发售与个人品牌的长期积累结合起来，是最好的、最稳定的发售模型。

第二，书的价值不仅在于销售书籍本身，还在于“书+发售”直接带来的后端价值。在过去，你出版一本代表作，要等待很长时间才能够看到它的后端价值，这导致很多作者的思维具有局限性，在做一本新书的营销时，只限于销售书籍本身。但现在，这种思维需要转变，在“书 + 发售”的模型中，我们可以在出版新书的时候叠加发售来放大其价值。有了发售杠杆，在集中发售的这段时间里，就可以看到书的后端的品牌转化价值和直接变现的价值。有时候后端的价值远超书籍本身，产生的效果可能远超你的预期。

第三，书是可以连接你的一度人脉，撬动你的二度人脉，甚至带来六度人脉的有效杠杆。前提是，这本书必须是你的个人代表作。你可以在书中通过你的个人经历或故事去建立你的人设，拉近与读者的距离，和他们产生情感共鸣，甚至在专业领域里刷新大众的认知。认知决定消费，你让读者感受到你可以帮到他们，他们就会相信你、跟随你、替你传播，起到关系杠杆的作用。

第四，书可以在发售裂变的过程中叠加价值，助推你连接更多有价值的用户。这一点，要求书籍的定位要精准，要尽可能地覆盖你的核心用户群体和大众群体，要最大化地呈现作者能够提供给大众的价值和认知。读者群体中，那些 IP、专家，以及认可你、想要连接你、进一步为你付费的人，就是你的有价值的用户。

第五，书籍内容的质量至关重要。如果内容不到位，不仅会错失影响读者的机会，还可能损害作者的口碑。这是因为，对每个读者来说，时间都是最珍贵的东西，书的内容不好，就等于白白浪费了他们大量的时间，他们肯定会感到不满。尤其是对你的核心客户来说，他们本来非常认可你，如果发现你的内容没有做好，他们会非常失望，甚至有可能因此选择放弃跟你合作。

第六，在推书，尤其是个人代表作的时候，应该让书贯穿你个人 IP 的全域、全场景，才能实现价值最大化。我的《定位高手》上市后，我一直都在努力推广，努力催化更多的高价值链接。

我基本上每个星期都会在我的朋友圈推广一下我的书，每次直播时都会把我的书挂在购物车里。所以，直到现在，依然有很多朋友在做这本书的共读会，这无形中给我创造了持续和新朋友产生连接的机会。

说到这里，就不得不强调一点：越是高价值的产品，用户做购买决策的时间就越长。所以，你要保持足够的耐心，在互联网上多次触达他们，多次影响他们。

第七，代表作应该体现有温度的情感、经验与认知。我建议作者们在写代表作时呈现四个部分的内容，这四个部分分别是：**你关键时刻的关键抉择，你个人品牌积累过程中的小故事、小案例，你专业领域里最能通往大众的方法论，你的价值观一步步形成的过程。**

不是说一定要把书按照这些内容分成四个模块，而是要把它们贯穿、交织在书的内容中，这可以让你和读者的连接更充分。

第八，书籍上市是一次大事件，“书+发售”是一个可持续的模型。“书＋发售”的模型不仅能够引爆粉丝群体，也能够加强粉丝对你内容的认可，通过内容影响他们的心理，这对他们来说也是一次重要的大事件。所以我们总说“书＋发售”就等于叠加了大事件和变现，形成双重叠加的效果。

另外，“书＋发售”的模型还是一个可持续的模型。根据这个模型，你可以每两年迭代一遍，或者出一个 2.0 迭代版，再或者出一个 10 万册的纪念版，还可以在各种各样的读书日或者纪念日等时间点，基于你的特定情况和需要，做大发售和小发售。这个时候，你会发现，你的引爆就变成了一件可持续的事情、一件自然而然的事情。

第九，代表作呈现出来的价值水准，将会成为用户评估你的认知水平的标准。对一个 IP、一位作者来说，其书籍的价值水准，决定了其个人品牌的势能和影响力。

“书 + 发售”的模型，不仅是你个人认知的一次系统梳理和总结，还是一次你的品牌的综合实战的体现，难道不值得你去关注吗？

我们很想让大家知道，“书 + 发售 = 王炸”。再细致一点说，可以是“个人代表作 + 发售 = 王炸”“个人代表作 + 发售 = 天和”。

读到这里，大家不妨思考几个问题：你过去重视书的营销和发售吗？未来你会重视书的营销和发售吗？你觉得认识到“书 + 发售”的价值，对于做好一个内容创作者而言，还有哪些意义？

发售增长：重新认知 IP 的从 0 到 1

过去，作者要出一本书，或者说服出版方出版推广自己的书，前提条件是他要在公域上有几十万甚至上百万的粉丝，需要有大众知名度。

现在，有了发售工具之后，这种情况发生了很大的改变。出书不再是唯粉丝论，不能只看公域粉丝了，私域好友的数量和质量成为越来越重要的参考指标。

有时候，哪怕你不是一个名人，不是一个大咖，只要你的定位足够清晰，能够用你的专业知识去解决别人的问题，也可以出一本书。

甚至有时候，通过“书 + 发售”，出版的书还有可能“引爆”市场，这对所有的作者来说，无疑都是一个好消息。

做发售的条件

我们特别强调“1000 个铁粉”原则，也就是说如果你有 1000 个真正认可你的铁粉，那么通过一次发售，你的书就有可能卖出数千册，甚至登上某平台的新书畅销榜。

但问题在于，我们往往不知道这 1000 个铁粉身在何处。

对此，我们可以从最简单的私域数据来分析，比如朋友圈好友的数量。如果你是某一个领域的专家，并且曾经帮助你的朋友圈好友拿到过成果，那么你的朋友圈好友里就很可能有1000个认可你的铁粉。

如果你无法确定自己有没有1000个铁粉，说明你没有对朋友圈的好友进行更精细化的标签管理。你还没有意识到，今天，普通人从0到1打造IP的第一阵地已经不再只是短视频和直播，更重要的是私域朋友圈。所以，请从今天开始重视你的私域朋友圈资产。

理论上来说，你只要不是朋友圈的“隐形人”，如果你有5000~8000个普通的微信好友，就可以做一场发售。根据“书+发售”的模型，哪怕你只有2000~3000个相对认可你的好友，你依然可以进行发售。书本身就具有裂变的杠杆价值，这就使得对做发售时的好友数量的要求更低了。

此外，我一直强调写书的过程也是打造个人IP的过程。在你写一篇书稿的过程中，你可以把它拍摄成短视频，简化成社群文案，改写成公众号文章，将内容转化为朋友圈的素材，等等。

一定要有“一鱼多吃”的思维，一定要懂得把一件事情转化出多重价值，把多件事情变成一件事情的多个层次。一旦你掌握了这些基本的串联逻辑，在写书的过程中，就可以同时完成增加好友的工作。

所以，不要把书当作“只是写书”，把过程拉长一点，把一切串联起来，让过程的价值最大化才是王道。这个过程其实也是给自己的书一个保底销量的过程。

你不妨想一想，当你的书因为发售有一个保底销量的时候，你再去出书或者卖书，是不是就变得更加容易了？

发售前多久去做增长

很多人好奇，发售前为什么要做私域增长？因为我们需要有一定数量的种子用户来帮我们的书做宣发、引爆市场，这些用户是实现发售成功的前提。

还有人问应该在发售前多久去做增长，也就是“增长的时机”。以前，很多作者会选择在书发售之前半年开始做增长。

我们的建议是，如果你真的想认真地打造一本属于你的代表作，那么增长的时机，就是从你决定要出书的那一刻开始。

一旦你确定了这本书的定位，就可以结合我之前分享的一些方法，结构化地创作。创作的时间可能是 3 个月、6 个月，甚至一两年，但这都不重要，重要的是你要边写书，边输出，边学习。更准确地说，是一边写书，一边帮别人拿结果，一边学习一些 IP 打造的技巧。

在这个过程中，你会发现，你的粉丝、好友都在增加，你的私域实现了增长。

如何筛选用户

私域增长是一个系统的过程，筛选用户是其中的重要环节。这就要求我们懂得去拥抱新媒介和新科技，学会利用它们给我们带来的便利。

首先，要注意标签管理的重要性。微信有一个功能是给通讯录里的好友打标签，这个功能可以帮助我们识别和管理联系人，这就是标签管理。

你可以将通讯录中的所有用户分成六个层级。

第一级是潜在的高客单、高价值用户。他们是你高客单转化的重要对象，要多给他们一些关注。

第二级是你的专业能力能够帮助的粉丝或学员。他们是你的核心用户，能够跟你产生合作。

第三级是潜在读者。他们既能给你带来收益，也能帮你进行推广。

第四级是以你的专业能力可能帮不到，但可以帮你传播的人。他们虽然不是你的客户或读者，但可以帮你传播，给你带来潜在的读者。

第五级是对你没有直接价值的人。他们很少能给你带来价值，没必要去打扰他们。

第六级是那些势能比你更高的老板、企业家、IP 等。他们是你重要的人脉资源，需要好好维护。

以上分级仅仅是我提供的一个参考，当然你也可以根据自己的具体情况做更多维度的设计。总之，通过标签管理，你可以在有需要的时候，快速找到目标用户。而不是“撒网式”地私聊所有人，以免引起别人的反感。

其次，是了解私域转化名片的概念。无论在何种媒介上，你输出内容的时候，都可能有人希望添加你的微信。为了让对方更好地了解你，你需要准备好“私域名片三件套”。

“私域名片三件套”是一张快速展示自我的海报，一封进一步展示自己、和对方建立信任的介绍信，以及一个可以展示你的专业能力又能帮用户避坑的福利工具。

这三样东西，不仅可以帮你快速筛选客户，识别精准客户，也可以作为传播工具，帮你连接到更多的人。

当你在各种线下场合公开分享，有很多朋友批量化添加你为好友的时候，你只需要准备几句简单的话术，就可以把这“三件套”进行一次批量化的发送，来做用户的识别与筛选。

最后，要有意识地引导用户加你的微信。无论是在视频号、社群分享还是线下活动中，你都要有意识地提供自己的微信号和二维码，以此进行无处不在的连接，扩充自己的私域资产。

增长途径有哪些

发售主要借助的工具是微信、腾讯会议等偏私域的平台，所以我们增长的途径主要也是往私域里加微信好友。加好友的途径多种多样，在这里，我们可以给大家分享几个当下最常见的途径。

第一个途径是拍短视频。短视频可以同步到很多平台，比如微博、微信视频号、小红书、抖音、快手、哔哩哔哩等。虽然不同平台对于私域流量的导流可能会有所限制，但只要掌握一些技巧，就可以有效规避。通过多平台展示短视频，你可以快速吸引粉丝。

第二个途径是直播。在直播中，你可以通过提供虚拟课程或咨询产品等福利来吸引观众。例如，提供一次咨询或闭门会议。这些产品的价格通常不会很高，但足以让用户留下联系方式，然后你就可以添加他们的微信进行进一步的交流。

第三个途径是建立自己的社群或者加入别人的社群。就我自己而言，我除了有自己的书香学舍的联盟群，还有自己可以让粉丝加入的免费的深度思考群。日常发布的有价值的朋友圈、短视频或者重要直播、重要活动，我都会在社群里同步分享。我也加入了其他 IP 老师们组织的各种社群，有适合我的分享也会积极地参与，为群主提供价值。我会关注自己社群里的“群红”，也会努力让自己成为别人社群里的“群红”。

第四个途径是通过在不同的社群或者线下场合分享来增加自己的曝光度。在这些社交场合中，你可以通过展示自己的二维码引导别人添加，实现自己的私域的增长。很多老师的线下课，只要邀请我参与分享的，或者有机会赞助的，我通常也会毫不犹豫地参与和赞助。

第五个途径是注意提高公众号文章、朋友圈等内容的质量。我们不仅要追求粉丝数量的增长，还要追求质量的增长。

我们经常说，“写书的过程就是打造个人 IP 的过程”，你可以在平时发布的朋友圈、公众号、短视频等内容里，告诉用户你在写书，让他们知道书里的大致内容、你写作过程中获得的启发以及克服的难题。过程的展示本身也是一种价值，甚至很多有价值的内容往往都是在过程中产生。这样，你不仅能吸引更多的人关注你，也能培养他们的心智，让他们对你有更加充分和准确的认知。

你要明白，增长途径并非只有公域增长和私域增长两种。

只重视私域增长的朋友需要思考的是：你只是要卖高客单产品，还是想将书的发售与高客单产品结合？如果你的目标是卖高客单产品的话，那么私域的运营和用户的增长同样重要，所以离不开公域。但是在公域中，由于场景受限，跟用户的黏性也不高，所以我们通常都需要把用户从公域转化到私域，而不能只是停留在公域。

有些人可能认为，只要在公域中能增长粉丝量，就不需要去私域运营。但他们会发现，自己在公域中可以运用的营销工具和杠杆会相对少很多。例如，在私域中，你可以发布文章，在朋友圈同步信息，将用户拉进社群进行深入互动。而在公域中，这样显然是不可行的。

如果你今天还是只懂得在公域运营弱关系粉丝，却不懂得在私域和他域做强关系淘金，这是一件非常遗憾的事。但如果你今天只是封闭地运营私域，却不懂得与公域甚至他域打通，那么也很可能最终有一天运营的私域变成一潭死水。

因此，我们要打破公域和私域的边界，从整体的角度去看待问题。你可以有三只“手”，一只“手”在公域中通过拍短视频、做直播来增长粉丝，一只“手”在他域中成为“群红”来获得精准用户，还有一只“手”是通往私域的转化和运营。

所有的发售工具都是动态变化的，需要你时刻去探索、实践和研究。请你回想一下，你做过的哪些动作是属于为发售而增长的动作？再问一问自己，接下来你认为可以做且打算去做的动作到底有哪些？

发售前的预热：从现在开始经营深度关系

“我做发售，会有人来吗？会有人支持我吗？”

这是图书发售前，我们被作者问到最多的一个问题。

我们会告诉他们，只要你在你所擅长的领域里持续为别人提供价值，就一定会有关键客户以超出你预期的方式来支持你，甚至这些人可能并不在你的强关系链上。

这个过程中，发售前的预热会发挥非常重要的作用。拍短视频、做直播、发朋友圈、写公众号文章，甚至建立社群，这些都是预热的动作。通过预热，才能让你的私域用户知道：你有一个即将到来的大事件。

寻找关键客户

发售前的预热，除了能提高事件营销的传播效率，确保信息能够传达到你的受众之外，还是一个帮你寻找关键客户的过程。

以我的《定位高手》为例，尽管我当时不知道有哪些人会支持我，但在出版前，我依然通过直播间、朋友圈、短视频等渠道进行预热，在这些渠道反复提及我的新书。我还在书香学舍的社群里设置了福利，购买预设数量的书就赠送相应的礼品，以此提高关注者的期待值。

结果我发现，购买我的书的人数远远超出我的想象，其中还有很多我没有预想到的支持者。

这件事让我意识到，我们可以重新评估和理解我们的社交关系。在今天这个以线上交流为主的社交环境中，我们往往会投入越来越多的精力去经营弱关系，而经营强关系所占的时间则越来越少。

在这种情况下，尽管你进行了标签管理，但在实际发售中依然无法完全预测谁会成为你最核心的支持者。

这就体现出做好发售前预热工作的另一大重要价值，它能帮你重新认识和理解你的关系链中那些核心支持者。

铺垫型预热和正式预热

关于预热的周期，我们一般建议是 1~3 个月，这是传统意义上的一次裂变发售的准备时间。

但如果你将创作一本书的过程视为打造 IP 的过程，那么当你有出书的想法时，预热就应该开始了。这个在早期进行沉淀的阶段，我们称之为“铺垫型预热”。

铺垫型预热的主要目的，是透露出你要传播的概念，但不透露具体细节。

在这个阶段，你可以通过分享干货，让人们感受到这个概念的价值，激发人们的兴趣和期待。

当你进入正式预热的周期，也就是 1~3 个月的时间，在这期间你就要明确地告诉用户你的计划，比如新书上市时间，或者启动倒计时。

预热的方式有哪些

预热可以通过多种途径进行，包括短视频、直播、朋友圈、公众号文章以及社群等。但是，从铺垫型预热到正式预热之间，你要做一次尽可能广而告之的营销动作。

以《定位高手》的上市和发售为例，我在书香学舍、星光研习社等高价值的社群中进行了分享，告知他们我的《定位高手》即将上市的消息，并提到后续可能有个大事件。

做完告知动作之后，我为他们提供了一个清晰的时间表或周期计划，这样可以一次性筛选出我的关键客户。

此外，在预热活动期间，还可以进行预售活动的宣传，甚至进行团购准则和裂变准则的介绍。裂变准则是指用户在参与实战营或用书营之后，如果帮他们做增长和裂变，他们能学到什么或者能够得到什么。这实际上就是一次带有裂变属性的实战营招募。

我们一直认为，预热就像打一场战争，俗话说“兵马未动，粮草先行”，打仗前要预估所需的粮草和资源。

每一次大事件的引爆，尤其是对于那些没有经历过发售的IP 作者来说，都是一次非常重要的事件。因此，一定要做好充分准备再去做预热，否则它对你的人脉资源和品牌信用都是一种损耗。

能不能做好发售预热，关键在于对深度关系的长期重视与维护，这里我给大家提供我对深度关系的 9 条认知。

1. 打磨高客单产品，全案落地是最好的深度关系产品！

如果有条件，就一定要设计和打磨好自己的高客单产品，比如私塾、陪跑、共创。因为这些产品决定了你与你的关键客户是否能有进行深度关系经营的场景和行为。

2. 超级关系的建立，依赖于对核心交付环节的参与！

一个 IP 一定要懂得“贴地飞行”，一定要参与到和客户关系产生重要作用的关键点的交付环节上。就我而言，参与行为就包括我为客户提供的一对一咨询，内部的选题策划会，和老师聊稿子，以及帮 IP 连麦助力，等等。

3. 以用户需求为导向，以 IP 及产品服务质量、口碑为筛选标准，用产品矩阵串联的方式，打造 IP 他域产品互助联盟！

4. 思考战略的时候，不是只以拥有的资源来考虑战略，而是站在能连接的资源之上考虑战略！

5. 深度关系是一仗一仗地“打”出来的，“打仗”的关系是最好的深度关系！

6. 价值观的相互认同、优势的互补是深度关系的底座！

7. 精进学习、开放、包容是动态和可持续的深度关系最好的润滑剂！

8. 聚是一团火，散是满天星。道法自然，自然而然。

9. 别为了深度关系维护而过度维护，让关系自然发生，让关系自然走得更远！

基于以上 9 条认知，我想送给大家的一句话是：无深度盟友不发售，无关键客户不裂变，无超级粉丝不破圈。

平时大家可以做三个方面的深度关系积累。

1. 通过连麦、互推、相互助力，找到并经营你的 10~20 个深度盟友。

我们一定要懂得把自己的核心能力变成产品和服务，基于自己的产品和服务推导出帮别人助力、站台的福利品，以此相互托举。大家一定看过畅销书作者之间的连麦，相互托举的能力本身就是头部畅销书作者的基本功。

2. 通过赋能、成就客户，与客户互为势能，找到并深耕你的 10~20 个关键客户。

赋能客户的能力是 IP 长青的秘诀所在。我们除了需要有基于专业解决客户问题的能力，还需要懂得跳出专业来为客户的成长赋能，用认知引导客户，用影响力与客户相互成就。你与关键客户彼此深度赋能的幅度与频次，可以看出你赋能客户的能力。

3. 学会感召、利他，学会与粉丝共同成长，从而找到、培育你的 10~20 个超级铁粉。

能否有超级铁粉，依赖于你把自己活出来的能力。具体来说，就是持续输出内容、持续发光、持续迭代、持续进化与分享的能力。一个不能持续成长的人是很难有人愿意持续追随的，一个不懂得持续让他人看到自己持续成长的人，是很难真正让他人持续追随的。

我希望读到这里的读者，是愿意“下围棋、算大账”的。如果有可能，你不妨问一问自己，你能列出你的多少个超级盟友、多少个超级客户、多少个超级铁粉呢？你过去为哪些产品或服务做过预热？效果如何？如果接下来你要出一本代表作，你要进行哪些预热动作？

新书发售大事件引爆：IP 影响力的核心杠杆

一本代表作上市，是 IP 最重要的、最可能破圈的大事件！

我合作过的很多超级畅销书作者，他们的新书上市时基本上都会做大事件营销。我与罗振宇老师合作的他的第一本书《罗辑思维》上市的时候，也是结合他的会员首次招募活动做了大事件营销。周宇霖的《人人都需要的销售演讲力》上市时，我们依然用挑战“破亿发售”的概念做了大事件营销。

做好大事件营销，一定要考虑用户情绪的调动，**有事件要结合事件，没事件也要等待事件甚至创造事件**，这样才能让一场活动的价值最大化。

今天，大事件营销的本质没变，不同的是，“书 + 发售”的大事件营销要直接导向高客单产品的销售转化。

在发售前期，或者说发售增长期，要制订好发售预热的准则，要懂得在自己的私域、在有势能的朋友的他域里举办一次次的分享会等，这是一个高价值用户筛选的过程。

但是，为了更全面地做出筛选，你需要在公域里做进一步的拉升和破圈。也就是通过大事件营销做引爆，最大化地实现公域和私域的筛选，以识别那些愿意帮你裂变或传播的用户，解决裂变增长的问题。

一本书的营销中，“大事件引爆”是至关重要的环节。它设置在预热环节之后，通过策划和执行一系列活动，将人们对书的关注度和发售的热度推向高潮。

为什么做完预热之后要先做一次大事件，而不是马上做裂变？这是因为大事件引爆的周期与新书的营销周期息息相关。

“大事件引爆”的价值

一本书刚上市有一段三个月的新书期，这三个月的营销至关重要。

如果我们把“书＋发售”视为一个整体的大事件，这个大事件又可以拆成三个模块，分别是新书上市、裂变周期、转化周期。

新书上市，需要进行一次事件营销，这是第一个关键的时间点，一定要围绕关键点做好相关功课。

裂变周期，要进行裂变的后续事件的策划，主要指的是组织实战营，目的是帮你做裂变。

转化周期，涉及低转高的转化设计，主要指的是组织用书营，目的是分享你的书的内容，同时用来做转化，售卖后端的高客单产品。

我们一般建议，整个引爆周期要持续 21 天，也就是三个星期，每个模块持续一个星期。

理论上，从大事件引爆的第一天开始，你就要想方设法地让这本书冲上排行榜，从而吸引书店、渠道、媒体、达人和读书博主对这本书的注意力。

当然，发售的模型是灵活多变的，没有唯一的方式，玩法的差异取决于 IP 的特性与产品链路的设计。我的《定位高手》用“书 + 发售”模型，是为了充分利用一本新书三个月的营销周期和一年一波发售的打法。因为我的线下课是一年一次。周宇霖则是直接先靠在他域做分享售卖裂变合伙人，然后把大事件结合在发售中，原因是他的线下课每个月都有，采取的是一年多次循环发售的策略。

《定位高手》的大事件营销中，我们设置了两个“钩子”，一个是购买一定数量的新书，即可参加我的实战营，用来转化足够多的人帮我一起裂变卖书；另一个是通过实战营买书的读者可以免费参加我的用书营，以促进后端的高客单转化。

你不一定需要让每一个购买多本新书的客户都来参加裂变实战，如果你想提高实战营的质量，可以设置一个相对更高的门槛，以此筛掉那些只是想支持你，而不想做实战的客户。比如周宇霖的《人人都需要的销售演讲力》的发售，就直接把裂变合伙人的招募变成了一个万元客单价的产品。

激活私域，让更多人参与到大事件中

大事件引爆的本质，是进一步撬动杠杆的行为。在这个环节中，学会筛选和甄别那些能够全力以赴帮我们实现最大化变现的人，是非常重要的。

为了提高期待值，大事件引爆可以有 6~7 天的倒计时，并将重要的大事件集中在 4~6 小时内连续引爆，以确保吸引并保持公域中的用户的注意力。

在此期间，你要尽可能动用你所有的人脉资源，进一步激活私域，让更多人参与到大事件中。

在《定位高手》的大事件引爆环节，我邀请了十几位有流量的嘉宾来帮我进行推广，让我的大事件的关注度最大化，叠加我的流量，提升我的势能。

很多人认为，请嘉宾帮忙推广，就是简单地邀请或拜托一些核心客户来帮自己做宣传，其实这是一个误区。

邀请嘉宾做宣传，真正重要的是将潜在的高价值客户引导进入社群，从而进一步做筛选。如果有这样的客户，他在买书之后可能会找你交流，你要根据他的意愿判断他能否成为你后续产品的客户。

因此，嘉宾的选择很重要。嘉宾的势能要够大，每一个嘉宾代表一类用户，你要提供与之相匹配的物超所值的福利，与你形成势能的叠加。

大事件引爆决定了你的发售裂变的效果，决定了一次营销动作能给你带来多少新增客户。

大事件引爆其实就是“一鱼多吃”的思维，在大事件引爆中，重点不只是卖书，还有品牌建设、后端高价值用户的裂变筛选等。

最后我想送给大家一句话：**IP影响力不会在交付中产生，只会在大事件中产生，不会做大事件的IP很难成为有影响力的IP。**所以，你不妨思考一下，如果你要做一次大事件引爆，会怎么做？如果你要用你的代表作加发售的模型去做，你会怎么设计它？

发售裂变：让用户为你设计的可能性买单

发售裂变是一种营销策略，其核心在于通过依托实战过程设计的可能性激发参与者的动力，使他们愿意帮你推广产品或服务。

这种动力必须基于参与者能够切实地获利或学到东西，我们称之为“边干边学边输出”。

参与一场裂变实战时，参与者有机会向 IP 作者学习如何做好发售裂变。这个过程就相当于参加了一个培训课程或一个训练营。现在关于裂变的玩法，有的小型玩法是把它变成一个低客单的培训课程或者训练营，而有些大型的玩法是把它变成一次实战合伙人的招募。

做裂变的两个原则

如果能把裂变转化为一个产品，就会有很多想成为 IP、成为作者、想做发售的人愿意来参与。

一般来说，裂变有两个基本原则。

第一个原则：设计具有吸引力的福利。

很多参与裂变的人，动力就源于他们能够获得的福利，这就要求你根据不同的裂变结果设置相应的福利，包括身份感的给予、实在的个人品牌曝光的机会、流量的获取以及落地的工具等。

第二个原则：确保参与者有获得感，能学到东西。

在“战斗”中成长才是最快的成长，在“战斗”中学习才是最好的学习。裂变过程中，你要持续提供教学和指导，尤其在你能力比较强、势能比较高的情况下，这样参与者才会愿意跟你学习怎么做好个人品牌、做好一次“书+发售”的实战裂变。

裂变机制决定产品的精神内核

从本质上说，裂变涉及三个方面：机制的设计、产品的设置及落地执行。这三者中，设计的重要性甚至超过了执行，因为设计决定了产品的精神内核。

在运营的过程中，很多细节的呈现正是取决于产品的精神内核设计。如果对产品的内核把握得当，即使产品本身具有很强的功利性，也能够通过价值观的正向引导，将 IP 品牌塑造成积极正面的形象；如果设计时没有把握产品的内核，产品就可能显得功利，进而影响品牌形象。

在裂变机制设计里，我有几条心法可以提供给大家。

1. 你不能看你手上拥有多少资源，而要看你能连接到多少资源。

裂变机制的设计是为了撬动他域，撬动的不是你的私域，不是你拥有的资源。唯有拆掉思维里自我设限的墙，才能看到更多的可能性。

2. 价值观决定一切，格局高势能才会大。

你能不能把你要做的“书 + 发售”这件事放到自己的年度战略里，反映了你自己的重视度。你能不能把你要达成的目标，变成别人甚至一群人战略的一部分，决定了他人的参与度。你能不能把整个战略放到整个行业创新探索的战略里，决定了你能感召的人群宽度。

3. 分权、分名、分利、分担是裂变机制设计的底层。

裂变机制的设计目的是驱动更多的人来帮你达成目标，一个没有分享精神的人，一个不懂商业思维、不会算大账的人真的很难做好裂变的设计。

对于品牌而言，发售裂变其实是把双刃剑。如果处理得不好，发售裂变就可能变成功利行为，给品牌带来损耗；如果处理得当，给参与者们带来一次积极的、难忘的学习和竞争经历，不仅大家彼此之间可以产生深厚友谊，还能帮助你的粉丝和朋友之间建立起高价值的连接。

在实战营里学习裂变技巧

实战营是一个能深度学习“书＋发售”模型并且能提供实践条件的机会。它可以让参与者在实战中亲身体验和学习裂变技巧。这就是我坚定认为的，知识付费不应该只是为信息差和认知差付费，而应该为过程体验中的可能性和确定性结果付费。实战可以让用户体验到过程中的可能性，这样的学习是全息学习。而且，用户的参与是跟你共同去拿成果，这也是你“书＋发售”成功的保障。

整个营销策划流程，从预热到大事件引爆，再到发售，是一环套一环的。这样才有可能实现预期的目的。

在搭建实战营前，你需要先打造实战的产品，明确实战营的价格，比如买多少本新书可以加入实战营；然后设计福利和详情页，确保参与者能了解到他们能够获得什么。在大事件引爆之后，留出 2~5 天的时间，让潜在的参与者有时间消化这些信息。

同时，作为预热期的一部分，可以告诉参与者实战营即将启动，以此提高他们的期待值。比如，你可以说，等新书出版后，我会亲自带着大家进行裂变实战，展示我如何经营我的品牌，并将我的理念与品牌经营相结合。

做实战营的目的，在于筛选出适合的人来帮你进行裂变。不采用强硬的策略，而是用学习的方式，带着学员一起参与实战。

至于为什么要在大事件引爆的 2~5 天之后进行实战招募，这是因为这段时间之后应该已经有一些私域用户拿到或者看过你的书了，你甚至可以给他们提供一些其他书的电子版的精要部分，目的就是加强他们对你的了解，并激发他们参加实战营的热情。

参与的热情有了，在实战当中还要促进学员们进行 PK，包括个人间的 PK，团队间的 PK。这不仅能刺激学员们拿到最好的成绩和结果，还可以让实战营自发地运转起来。

PK 中的福利设计是一个关键，要为裂变 PK 中的个人冠军、团队冠军等设置足够吸引人的福利，比如高客单的产品、录播课程、赠送 IP 的咨询或者提供一些身份认证——首席增长顾问、10 亿顾问、营销顾问等有仪式感的头衔。

这些动作的目的，都是让学员们有获得感。如果实现转化的话，还可以给他们提供一些分润，或者分享一些利益，实现共赢。

一般来说，实战营的裂变周期是 7 天。招募完成后，你要举行一个启动仪式。在这之后，你就要每天给用户提供相应的价值，包括课程分享、激励等，这也是在实战过程中要注意的一些细节。

总而言之，裂变的意义在于，把增长和获取流量变成一种学习体验，把学习变成娱乐，让彼此在娱乐中社交，在娱乐中达成共同的目标，获得彼此应得的利益。

发售转化：助力能力才是结盟的核心能力

发售转化是继发售裂变之后的又一个关键步骤，我们一般建议采用“用书营”的标准模型来完成这一步骤。

和过去相比，读者与作者之间的连接更加紧密了。读者买了书之后，往往期待能与作者建立更深的联系，通过“用书营”，就可以实现读者的这一目的。

不仅如此，从出书的角度看，用书营是一种交付方式；从服务和产品的角度看，它还是一种转化手段。

什么是“用书营”

一般来说，我们会将用书营设置为 4~7 天，每天分为两个直播模块，一个模块是中午场的拆书共读，另一个模块是晚上场的主题分享与连麦转化。

为了强调用书营的学习属性，你可以在中午场邀请咖位较大、知识属性更强的嘉宾们分别解读你书中的章节，结合他们的理解来相互分享和讨论。

当然，在这个过程中也要给嘉宾相应的回馈，比如，在他们未来的大事件中提供你的支持，与他们建立长期互惠互利的关系。

晚上场一般是 IP 自己分享一个小时到一个半小时，然后邀请有连麦经验的 IP 帮自己来助力，帮自己进行高客单产品的售卖助阵。

借“用书营”实现交付和转化

接下来，我们将分享如何做好用书营，并通过用书营来实现交付和转化。

第一个原则，用书营的核心在于最大化地呈现价值。价值的呈现包括两个维度：首先是你对书的理解，一定要把自己最核心的认知都放进书里；其次是通过外部资源来拓展对书的理解，可以借助你身边有影响力的朋友或 IP 老师来推书。

第二个原则，借助有效的外部资源，如朋友、IP 老师等，让他们参与到用书营中。前提是，他们要对你的书有足够的了解；否则，他们的支持或助推可能不会带来预期的效果。

第三个原则，所选的 IP 老师所吸引的用户群体必须与你的用户群体相匹配。也就是说，帮你助力或助推的 IP 老师要与你的个人 IP 和图书定位有相关性，这样他们的支持才能发挥最大的转化作用。

提升转化效果，应该做哪些准备

不难看出，发售转化也是一次 IP 老师自己的人脉资源的整体变现。为了提高发售转化的效果，你要提前做好相应的准备。

首先，你要有高客单产品，这是转化的前提。

其次，你要有自己的联盟或圈子，这有助于扩大转化的覆盖面。

最后，在转化前，要有清晰的转化策略，明确商业转化路径。提前做好沟通工作，比如提前准备赠送福利，和达成合作的作者沟通，明确合作的内容等。

如果你能把上述步骤都准备完善，往往就能拿到想要的结果。

在发售转化的过程中，以书为切入点是一种有效的方式，但一定要注意，书的定位一定要与你高客单产品的转化相关，这样才能引起大众和目标人士的兴趣。

另外，直播连麦助力转化的环节中，最好设计一个由浅入深的漏斗型结构的内容框架，逐步引导嘉宾进入更深层次的互动，加强转化效果。此外，如果能够将同一天的两场直播内容也设计成漏斗型结构，那么转化效率还能够大大提升。

对于那些在你的私域中，一直处在观望状态，但因为各种各样的卡点迟迟没有付费或者合作的客户，通过这样一次事件性的营销，就很容易进行一次批量化的转化。

连麦助力是最好的 IP 社交与结盟的方式

在发售转化的每个环节，我们都需要系统地考虑，并且要有足够强的品牌资产驾驭能力。如果一个老师本身缺少自己的盟友，是很难做好发售转化的。你的盟友从哪里来？一定是从你平时的积累中来，你的积累源于你社交产品化的能力，社交产品化最核心的能力是托举助力的能力。

在这里，我给大家提供 10 条结盟造星出圈必备的认知。

1. 关系是共赢的根本，让自己成为桥梁，搭建共赢体系。

2. 他赢，共赢，最后才是自己赢，搭建共赢体系的能力取决于对关系本质的理解。

3. 从公域转私域到他域结成联盟，从单向的造势、借势到互为势能，从一个人的胜利到一群人的胜利。

4. 能不能看到更多朋友的可能性，决定了别人能否成就你的可能性；能不能激发更多朋友的可能性，决定了你能否联盟成事的可能性。

5. 人只会在大事件中产生影响力，好的大事件一定是相互成就彼此的影响力，学会从关注自己的战略到关注更多人的战略，好的战略要从实战中来，这叫“贴地飞行”。

6. 从讲 IP 表达力到讲社交情商，从赢、爆赢、共赢到多赢、稳赢与常赢，你对核心能力的理解就是你最重要的社交杠杆和货币。

7. 把你的技能变成产品和服务参与到 IP 社交与联盟的打法中来，站着赚钱的能力，就是带着用户赚钱的能力，人抬人，方成“神”。

8. 找到自己的生态位，让别人看到你的可能性的最好方式就是，从只关注有形的影响力到提升无形的领导力，从自己干出圈到帮别人干出圈，借力打力不费力。

9. 连麦助攻、社群互助分享、朋友圈助力、视频站台、线下课相互站台……对用户是价值交互，对 IP 是联盟互助，对自己是造势与借势！

10. 联盟的本质是分权、分名、分利、分担。IP 联盟一定要有社交型产品，闭门会议、吃饭、咨询、线下课、录播课、书、峰会都是社交型产品，社交互换原则即价值等价交换。

讲完了以上这些，我顺着“发售转化”这个主题，以我自身帮人助力的关键点，来拆解一下连麦助力转化的具体逻辑。

1. 自我介绍。

列出自己的核心标签、关键成绩，这叫“立人设”。具体包含三个维度：一句话描述价值介绍、权威标签与案例介绍。

在这里你需要注意的是，不是谁你都要帮对方去助力，不是有流量的人就要邀请对方来帮你助力。请记住：与价值观一致的人为伍，与价值观有差异的人保持距离，与价值观相反的人远离！

2. 托举关系介绍。

（1）我和被托举人的关系。

以我为周宇霖的破亿发售助力连麦为例。

我是周总销讲班的学员——这是托举他人，低头成王者，目的是与周总的粉丝同频共振。

周总也是我的共创出书的客户，我是其新书《人人都需要的销售演讲力》的出版总指挥——这是在关系中呈现自己的价值，从被托举人已有的粉丝对他的信任中收获对我的信任。

周总的新书首发销量就破 10 万册。他的目标是 100 万册，达成发售破亿。我必须全力帮他达成，这不仅仅因为周总是我的客户，更在于我需要他成为我的案例，以此诠释小流量作者也能成为百万畅销书作家，一本书可以撬动上亿元变现——这是在被托举人的战略里实现自己的愿景，在大的使命里拉高用户与我连接的渴望。

（2）被托举人给我的价值。

之前，我拍短视频、做直播，往往叫好不叫座，大家只是觉得刘 Sir 是好人，却很少产生合作，所以我很羡慕一发内容、一和人链接就能产生合作的老师。看到周老师，我就觉得他非常有魅力，与他沟通之后，我的每条短视频、每场直播都能获得精准客户链接——痛点共鸣。

从我“刷脸”找人帮我连麦助力，却没人邀请我助攻连麦，到帮智多星连麦单场卖了 15 万册，帮雨麒连麦卖了 20 多万册——结果托举。

从没做过线下大课，到一做线下大课就变现超过 200 万元——结果托举。

从不相信一个只有 2000 多人的私域、没什么公域的作者卖书能卖多好，到书一上市销量就破 10 万册——结果托举。

3. 助力逻辑。

（1）对被托举人的一句话定义。

会演讲而没赚到钱的人，就是没遇到周宇霖。——重复核心价值点。

（2）代表群体，破观念。

我属于作家、知识 IP 和文化人这个群体。作家、文化人和知识 IP 中有很多人讲的东西，只能让人觉得你是个好人，有情怀，值得尊重，但观点别人听不懂。于是很多人往往很难穿越周期——锁定核心人群痛点。

（3）讲专业，破认知。

我是 20 年来穿越过很多个周期的人，但是在这一次新媒体红利过后的周期，我能穿越，我最大的贵人就是周总。因为我学到了真功夫，我深刻地认识到，通过跟他学习，"商业 + 销售 + 情怀"完全可以融会贯通。销售演讲力的背后不是销售，也不是单纯的演讲，恰恰是一种底层思维，是一种尊重价值的闭环思维，是不销而销，让你更好地做自己、更好地呈现自己的价值，而且没有销售味道的一种价值吸引的成交方式。

我觉得所有的作家、文化人、知识 IP 学习销售演讲力，恰恰是让价值更好地通往价值。不销而销的真功夫，是每个文化内容行业从业者的基本功——为核心人群打开认知。

（4）讲收益预期、成交。

我能在这个新的周期里拿到这些结果，我相信你也可以。只要你加入学习，就算学得不是很好，也一定可以得到东西。你最大的收益是认识一群高价值的人脉，从此跟我一样摆脱又想卖又不好意思卖的卡点，用价值吸引的方式连接到对的人——价值成交与感召。

4. 设计阶梯福利品（帮人卖，和别人的关系）。

福利品 1：一对一出书定位咨询。

福利品 1 的价值描述：帮助老师梳理代表作的定位，从 0—1 写书的路径规划，0—1、1—10 打造 IP 的痛点与路径优化策略——核心福利促成交。

福利品 2：高效投资自己的线上课程。

福利品 2 的价值描述：从 0—1 打造个人 IP 必须学的基本功——激发犹豫人群的成交可能性。

福利品 3：针对一对一咨询的用户痛点设计的全域 IP 定位课。

福利品 3 的价值描述：卖的是专属感和独特价值属性——激发有特别痛点的人群。

福利品 4：《定位高手》“to 签”版本。

福利品 4 的价值描述：强调代表作、强调专属签名本——感性与温度成交。

福利品 5：线下闭门分享或者年度峰会参加资格。

福利品 5 的价值描述：强调线下互动属性和资源连接属性——进一步强力促成交。

通过以上的内容，大家可以看到一个完整的助力闭环。这本身就是联盟思维的深度落地，也等同于深度内容的极致颗粒度拆解。

不难看出，在这个框架里我与用户进行了 17 次碰撞，具体闭环：

“立人设——同频共振——借已有的信任获得信任——在大的使命里拉高用户与你连接的渴望——痛点共鸣——结果托举——结果托举——结果托举——重复核心价值点——锁定核心人群痛点——为核心人群打开认知——价值成交与感召——核心福利促成交——激发犹豫人群的成交可能性——激发有特别痛点的人群——感性与温度成交——进一步强力促成交。”

通过以上我在助力环节里与用户的 17 次碰撞，我实现助攻成交。

读到这里，你有没有感受到发售转化的细节有多细？

你不妨思考一下，如果你计划在未来进行一次“个人 IP 代表作 + 高客单产品”的发售，有哪些应该做却没有做到的准备功课？

关键动作营销

很多人认为，完成发售转化之后，发售流程就结束了，接下来不需要做任何动作，只需等待交付即可。但就实际而言，发售流程远远没有结束，在完成转化之后，还有几个关键的营销动作要做。

通过关键动作的营销，可以最大化利用社交资产和品牌资产，进一步提升个人或品牌的影响力，并在此过程中增加高客单用户的转化，实现价值变现。

也就是说，一本书的营销过程不仅是一个推广产品的过程，更是一个自我进化的过程，你甚至能通过书的营销，提升自己的知名度，实现全面出圈。

关键动作营销的注意事项

关键动作营销的重要性不言而喻。在营销过程中，有些事项需要多加注意。

向上社交。

向上社交即利用营销事件的机会与高势能的人建立联系。你可能在营销过程中感觉自己能力不足，这时你更应该主动接触层级更高的人，与他们产生连接，这不仅有助于你实现破圈，还能链接到更高价值的资源。

能量回流。

你要将时间和精力投入最支持你的人身上，他们支持你的力度越大，说明他们的能量越大，这恰恰是一次相互赋能的机会。你要注重对他们能量的回馈，不要觉得这只是还人情，而要将其当成一种能量的交换。

多维度动作的结合。

关键动作营销包括线上、线下、闭门分享、直播连麦等多种方式。在营销方式多样化的今天，你要学会将这些方式进行结合，按照价值大小去评估营销动作的必要性。

平衡书的销量与客户的转化。

在评估关键动作时，要站在商业价值的综合维度上进行评估和筛选，在书的销量与高价值客户的获取与转化之间寻找平衡，而不是以单一指标作为判断依据。

有替代方案。

有时，关键动作的营销效果有限，就可以适当选择拒绝。拒绝别人并不意味着合作的结束，而是要提供一个新的解决方案，这样既能安抚彼此的情绪，也有利于后续的合作。

以直播连麦为例，与流量大的作者连麦可以获得显著的收益，这就是值得的。如果对方流量很有限，无法带来符合预期的收益，与他再次单纯地连麦的价值也不大，就应该考虑在对方下一次大事件营销时再进行合作。

线下销转是关键动作营销的重要组成

在诸多关键动作营销中，线下销转值得引起我们的重视。我们建议所有的 IP 老师，你们的每个高客单产品，都应该有一套匹配的线下课程。

线下课的交付过程，不仅仅是一次知识的传递，往往还意味着更高价值的转化和筛选高价值客户的机会。

在线下课的交付中，我们一般建议采取“密室成交”的模式。比如，你可以在线下课程中持续分享干货，同时在内容中设置一些高客单产品的钩子，目的是吸引那些对产品感兴趣的人，到你的“密室”进行成交。

这样的话，线下课程就不会变成一个成交场，不必担心打扰到非意向用户。

不仅如此，线下课程的现场还可以展示你的书，给书再做一次营销，书也可以成为贯穿整个线下课程的一部分。

完成这些关键动作后，你的品牌就完成了一次综合曝光。这次曝光之后，一定会有很多人来找你合作，比如直播连麦交流、邀请你去做闭门分享或者参与一场活动等。

在这个过程中，你要去筛选并编排这些资源和时间，把时间留给关键的营销动作。

读完这一小节的内容，你不妨想一想，如果你要对你的书进行营销，你是否会在一场大事件结束后，留出时间去做关键动作营销？如果你有时间，你是否认真地筛选过哪些关键动作是有效的？你是否会认真组织团队，从而让这些关键动作的价值最大化？

持续撬动朋友、粉丝、学员帮你推广

在书籍的发售中，撬动他人替你传播是十分重要的一环，其中包括朋友、学员、粉丝这三个层级。

朋友：你和朋友可以互换曝光，你感谢他们的同时，他们也为你做了一次见证。

学员：他们是帮你传播的主力，对你有很坚定的信任，从心底里愿意帮你传播。

粉丝：他们很关注你，你给他们送福利、批量化地交付、产生连接，他们会拍视频，传播你的书。

撬动他人的基本动作

撬动这些人帮你传播或推广，需要采取一系列的基本动作。

维护平台评论。

当一些人对你的书表示认可或从中受益，你可以引导他们去豆瓣、微信读书、当当网等平台发表真实的评论。这些评论不仅有助于推广你的书，也是未来产品迭代的重要参考。

你还可以引导他们通过朋友圈、短视频、公众号文章等渠道分享读书体验或书评。

为此，你要准备一些福利杠杆，给对方一些直接的回馈。或者通过互换曝光的方式，通过朋友圈、短视频等方式感谢他们，实现能量的回流。

筛选 KOL（关键意见领袖）。

在各个领域里，都有一些权威人物，你要把他们筛选出来，与他们建立联系。你可以给他们提供你的签名书或定制书，让他们通过拍短视频、在直播间分享等方式推广你的书，以此增加这本书的势能。

用资源撬动资源。

对于那些擅长运营私域和经营圈子的人，比如一些出版编辑，他们善于写推文，或者手里有一些公众号资源。你可以利用福利杠杆请求他们为你撰写 2~3 篇高质量的书评，在一些权威媒体上发布，以此撬动资源。

做撬动这个动作时，一定要记住一句话：所有的成全都是相互成全，所有的成就都是相互成就。这是营销中的重要认知。

撬动他人推广的关键策略

此外，想持续撬动别人帮你推广，有几条关键策略需要注意。

相信出版方，积极配合推广。

有些作者，因为自己手中有资源，就忽视出版方的资源或努力，这样做是不明智的。出版方会有资源，也能提供有价值的推广和支持。

作为作者，你一定要积极配合对方，不要打击出版方和编辑的积极性，这样出版编辑才会有动力继续为你提供资源。

作者要增加自己评估的角度。

做营销效果的评估时，作者不要仅凭活动的即时效果来进行评估，而是要看它带来的后续效果和长期价值。有了更多的角度，你就会发现，你所撬动的资源，能给你带来出乎意料的价值。

注重势能的放大。

每一个人都有自己的圈子，即使再小的资源，也能通过势能的放大收获意想不到的效果。而且，做任何事的时候，别人都有可能为你传播，这是一个顺手的动作，没有那么难，势能的放大也没那么难。

保持长远的目光。

即使当前的推广活动没有达到预期，也要长期坚持推广，不断去积累口碑，从而提升作品的热度。比如，你持续撬动资源在一个平台上对一本书进行评论，当好评累积到足够的程度，这本书也有可能成为一本畅销书。

在长期推广书籍的过程中，不要忘记建立你与这本书的联系，让这本书成为你的标签，从而让你的书和你的个人品牌挂钩。

写到这里，我想送给大家一句话：**撬动他人进行推广不应**

该是一件刻意的事，也不应该是一时的行为，而应该是长期、自然的过程，当撬动成为习惯的时候，你会发现一切都水到渠成了。

最后，你可以思考一下，你求别人帮你的时候，是在单纯地请求吗？你在别人寻求你的帮助的时候，也只是简单地帮别人吗？

第六章【常销篇】

一本书
畅销与常销
的秘密

IP 的尽头是代表作……
经典永流传，代表作永生！

一本书的迭代与常销

很多作者一想到要写一本个人代表作，就感到压力山大。因为他们觉得，既然是个人代表作，那就必须做到完美。

这种思维，源自传统商业中“一经推出就要求完美”的商业思维。这也就导致了作者有时候不敢下笔，或者对自己写的东西不满意，总是不断地推翻、重写，再推翻、再重写……

稿件迟迟写不出来，书自然也就出版不了，更不要说畅销、迭代和常销了。

迭代是有截止日期的

每个人都是在不断成长的。如果总是用当下的认知看待过去的自己，你一定不会满意。但换个思路想一想，无论过去的自己有多“傻”，那都是真实的你，有血有肉的你。这样的你，恰恰是读者想看到的。

追求完美无可厚非，但也应该有个限度，否则，就意味着需要不停地迭代，永远没有完整的作品出现。

对此，我们推荐的方法是：给自己设定一个截止日期，你书里所写的一切内容，都是截止日期之前的认知，写完之后，就不要再进行任何大的改动了。

我们要用互联网时代的产品经理的思维方式来思考出书，告诉自己，代表作不需要那么完美，持续地迭代和升级才最重要。

如果说，一本书的创作过程是十月怀胎的过程，那么一本书的营销推广和获得读者反馈的过程就是赋予它生命的过程。

只是一个人关起门来思考书好不好，往往想不出答案，也不可能想出一本趋近完美的书。

在读者的反馈中不断迭代，才是趋近完美的好办法。当你抱着这种心态去写书的时候，就不会担心它不够完美，书也更容易出版和常销。

迭代与常销的关系

通过持续迭代，书的内容会越来越精良，也更贴近读者的需求，给读者提供的价值也越来越高，读者自然愿意购买并推荐给身边的人，这就形成了口碑营销。

口碑带动销量，销量带来用户，用户让我们更精准地持续迭代内容，好内容又带来了好口碑，好口碑又带动了销量，这就形成了正向循环，让这本书有了常销的属性，能够持续地销售出去。

从数据的角度讲，出版方会基于以下三点来判断一本书值不值得再版。

一本书是不是持续有销量。

一本书持续有销量，有动销，这意味着它有市场、有需求，这样的书可以在更长的周期内占据市场，影响消费者，出版方是乐于推动销售并帮你再版的。

因此，你的书出版之后，一定要持续推广，把书当成你的社交名片，走到哪推到哪，让书保持常销。

当书的销量积累到一定程度，比如5万册甚至10万册，你得到了足够多的反馈时，就可以尝试更新迭代内容，并跟进后期的再版了。

经济回报是否丰厚。

图书出版除了具有社会价值之外，也兼具经济价值。对出版方而言，每一次再版，都需要付出相应的成本。

你的书卖到一定的数量，比如10万册、20万册，出版方得到了丰厚的回报，又看到书籍继续畅销的潜力，他们自然愿意帮你去做增补，甚至是再版迭代。

大家可以看到越来越多的经典外版书，包括《影响力》《浪潮式发售》等，还有很多本土作家的作品，比如黄有璨的《运营之光》、我的师兄刘同的作品等，再版时进行增补已经越来越成为一种趋势。

书的选题是否有长期的价值。

不同的时期，读者的需求会有所不同。你的书，必须与读者的底层需求相结合，要对读者有用，才能有长期的生命力。

给这样的书做迭代，能够获得长期的价值，出版方是乐见其成的。

迭代的过程中，有一点需要注意的是，尽量不要改书名，这是为了让这本代表作的书名成为你最重要的记忆符号。

常销与迭代的结合是现代产品思维的体现，是一种在动态中追求完美的思维。事实上，迭代本身就是一次营销的机会，你可以通过策划大事件，叠加发售来提高书的势能，比如制订长期的推广策略，每一到两年进行一次迭代，不断施加杠杆，追求长期的利益。

这里，我再和大家同步一个认知：出版方会不断出新品，但实际上，出版方最重要的利润来源往往是它的老品，而且健康的出版方都有自己的常销产品管理库。

你要努力让自己的书成为出版方眼中的常销产品，这才有可能成为一本常销书，甚至成为一本经典书。真正成为一部能够穿越时间的经典之作时，就无所谓迭代不迭代了。

当然，对绝大多数作者来说，写出一本经典绝非易事，因此我建议那些想出第一本书的作者：**要么不出书，要出就出一本代表作。**

代表作的生命周期更长，影响力也更深远，你值得把一本代表作打磨好，不断迭代，长期运营。

少就是多，在少里面做多。从这个意义上说，只出一本代表作是少，在长期运营和迭代中打造一本代表作是在少里面做多。

读完这一节，大家不妨问问自己：你现在还想每年出一本书吗？你还觉得一本书不需要长期推广吗？你是希望出版方未来两三年之后找一个作家迭代掉你现在的这本书，还是你跟出版方一起去迭代，出一本销售周期更持久的书？

一本好书是贯穿 IP 全域的核心

我们经常说，出书的过程，就是做 IP 的过程。一本代表作，就是作者流动的社交名片，它可以跨越不同的媒介和场景。

在微博、微信、豆瓣、知乎、小红书、视频号等媒介上，在短视频、直播、社群、朋友圈、线下课等场景中，书籍都能发挥其社交属性，连接作者与受众。

作者一定要明白一本书对于长期营销战略的重要性，也应该认识到书籍在构建个人 IP 全域中的关键作用。只有将书贯穿营销全域，才能够实现销售的最大化。出版人与作者是书籍营销过程中的一体两面，应该共同起到推广书籍的作用。

如何让一本书畅销且常销

在书香学舍里，我们常常会为作者们提供全域运营和让图书畅销且常销的策略建议。

首先，在“书 + 发售”的营销周期结束后，作者可以在短视频平台上，每一两个星期发一条短视频来推广这本书，或者将这本书的推广视频置顶，还可以定期发朋友圈来持续推广、曝光这本书。你可以在任何相关的内容中提到这本书，将这种“植入式推广”变成一种习惯。

其次，平常每次直播结束前，你可以适当地推广一下这本书，或者每个月做一场专门的图书直播；可以在课程产品里，将书作为赠品送出，或者每次卖课的时候卖几分钟；可以在参加线下活动或者各种饭局的时候，把书作为伴手礼送出。长期赠送这本书，它会给你起到助攻作用。

最后，书籍也可以植入到海报设计当中，作为背景元素等，以非销售的方式增加曝光，从而在全链路中发挥推广作用。

这就是说，只要你想将书长期贯穿到全链路营销中，为你的IP赋能，就一定要思考这本书在各个场景中能够起到的作用。如果你只是为了卖书而卖书，就说明你没理解书对于IP的重要性。

一本书，尤其是一本代表作，对读者的影响可能是很大的，甚至一句话就影响他的一生。对IP来说，书是重要的引流品，能够撬动巨大的资源，引来巨大的价值。

一本好书可以撬动身边的资源

书出版之后，不只是靠你自己的人脉、资源帮你卖，更要去撬动出版方能够链接到的人脉、资源、渠道来帮你卖。

很多作者之所以感觉出版方没有价值，是因为你没有意识到，出版方不是帮你卖书的，他们主要是帮你链接读书博主、权威人士、关键意见消费者、政府采购、学校等，撬动你身边的杠杆，给你带来丰富的资源的。

因此，我希望大家一定要学会用杠杆思维。对于作者来说，书籍不仅仅是个人观点的载体，更是个人 IP 的放大器。

很多作者出书的时候，觉得出版方没有价值，那是因为他们没有把杠杆撬起来。但当你有一本好书，并且利用了出版方的资源和能力的时候，通过杠杆效应，你就能实现书籍的最大化推广。

一本书对于 IP 赋能来说至关重要。你对于这一点的重视程度，反映了你对 IP 打造的理解深度。

大家不妨问问自己：你对 IP 的理解是什么？在你的 IP 打造的过程中，你如何为书在每个环节、每个场景、每种媒介下分配权重？

让自己成为别人的流量入口

我们接触过很多流量很大的作者，不仅自己的流量做得好，还很乐于把自己当作流量入口，帮助别人增加流量。

他们是长期主义者，会从价值观的角度来看待帮人导流这件事。所谓“得道者多助，失道者寡助”，愿意帮助别人，是一种大智慧。

我们的朋友小钱老师，就是一个愿意主动帮助他人的人。很多作者新书上市的时候，会请求与她连麦，推广新书，每一次她都欣然答应，把自己当成别人的流量入口，给人赋能。

关键是，她真的可以在新书上线的第一天就把书卖断货。这样一个全心全意为他人赋能的读书博主，谁会不喜欢呢？

试想一下，如果有一天，小钱老师的新书要上市了，那这些跟她连过麦的作者，她主动帮助赋能过的人，会不会主动帮她做推荐，让她的新书迅速成为畅销书呢？答案是：肯定会。

先成就别人，再成就自己

一个超级 IP 之所以能成为超级 IP，关键在于他们能够为别人赋能，他们本身也在成就更多的人。

成为别人的流量入口，是当下成就自己和他人最好的方式。先主动为别人带去流量，再吸引更多人主动给你送流量。在这个过程中，流量流动了起来，实现了裂变，同时还能将你自身的 IP 打造得更强。

这背后，其实体现了强者恒强的逻辑：你越成功，越利他，别人越希望你更加成功。

比如，在实现自己的梦想的过程中，帮助更多人实现他们的小心愿；建立自己的联盟或圈子，为别人提供价值，实现资源互换；在打造 IP 的过程中，直接或间接地帮人解决问题，使人达到一个更高的境界。

也就是说，从 1~10 的过程，是你自己一步一步地经营私域和公域给别人一对一或者一对多地提供价值的过程。而 10~100 的过程，是要懂得撬动他域、更多维度地成就别人的同时成就自己。这就是加了杠杆，通过帮助别人和别人的粉丝来放大你的价值。

从借别人的势能到造自己的场域

樊登读书（现名“帆书”）每周都会做一个作家见面推书日。起初，他们是通过主动链接，帮别人推书、讲书，让自己成为别人的流量入口，顺带推广自己的产品，让别人成为自己的流量入口。

这样做，是借别人的势。背后的逻辑是，你的朋友厉害的话，别人会觉得你也很厉害。

进入更高级的阶段之后，他们把时间固定化，提前向粉丝做预告，给作者越来越强大的加持，和作者之间形成了更紧密的链接，也成了更厉害的流量入口。

慢慢地，他们的流量越来越大，势能越来越强，就形成了自己的场域。

从樊登读书的成功中，可以总结出三个重要步骤，以实现从借别人的势到造自己的场域。

第一步：主动帮助他人，与他人主动链接。就像是，某个作者出版了一本新书，你主动帮他写推荐语、邀请他进行直播连麦，主动参与出版方举办的一些重要营销活动等。

第二步：提高自己的势能。从帮助那些势能比你稍微弱的人，到逐渐吸引到和你势能相当，甚至比你势能更强的人主动找你合作。

第三步：把帮助行为的时间固定化。比如每周开设一个作者访谈室，并且提前向粉丝做预告，不断增强自己的势能。甚至可以设置一个社群，或者将这个过程产品化。

到这时候，你就会发现，你给别人加持的能力越来越大了，就成为那些势能更高的作者一出书便来拜望的对象。

虽然对方势能比你大，但你是在自己的主场打一场有准备的仗，而对方不一定有系统的准备，因此你的转化不一定比他弱。

不断重复这个过程，你就可以不断向上社交，最终成为别人的流量入口。

当你的流量越来越多，别人就会主动给你送流量，给你的品牌进行加持，主动找你连麦，这时候你可以顺手把自己的代表作卖一卖，或者在为别人赋能的过程中，引导别人帮你去拍拍短视频等。渐渐地，你就成了一个流量分发中心，你的价值也就越来越大了。

总之，成为别人的流量入口，就是让别人主动来找你，从主动向别人借势，到建造自己的场域。这个场域就是你的能量场，这个场域就是你的发光场。

读到这里，你应该想一想，你愿意为什么样的人赋能？你为什么可以成为别人的流量入口？

创作者持续修炼的方式和心法

一个创作者的探索，是持续一生的探索。

如果你想要在内容行业有所建树，就需要让自己活在一个持续不断地深耕，持续不断地打破自己、重构自己的过程中。

条条大路通罗马，最重要的是不断向前。在这本书的最后，我们梳理了几条通往更好的未来、成为更好的自己的浅见，供你参考。

第一条，让自己走入主流人群，受到主流媒体的关注。

一个好的内容从业者，身上最重要的品质就是大众情怀。文学和艺术作品，最终一定是属于大众的。如果你只能代表自己或是一小部分人，一定成不了大师甚至大家。

因此，不管你是一个作家，还是一个 IP 老师，都不能让自己成为一个精致的利己主义者。对大众有同理心、同情心，有无畏感、真心和诚心才是看到自我更广阔可能的根本。

在一所知名高校，我曾经有过一段备感失望的经历。当时，我们本想找一位这所学校的教授去开发一门课程，但是在聊天中，这位老师认为他的课必须是有思想的人才能听。

他觉得自己的认知很高，他的课要给那些与他身处同一层面的人听。我们很沮丧，认为即便开发了课程，也不会受大众欢迎，所以我们很果断地决定不跟他合作。

第二条，让自己成为一个文化符号，从大师到大家。

每个时代都有其文化符号，就像孔子之于春秋，诗词之于唐宋。在今天，同样有对时代做出贡献的人，他们是当代的文化符号。能成为文化符号的人，都可以被称作大师。

也就是说，大师不一定是年纪很大、德高望重的人，年轻人同样可以成为大师。当年明月写的《明朝那些事儿》，激发了大众对通俗历史作品的热爱，开启了全民阅读历史书的潮流。

从某种意义上说，《明朝那些事儿》就是通俗历史读物中的文化符号。我们觉得它的作者很厉害，当年明月就是我们眼中的大师。

很多人觉得，在今天这个快节奏的时代里，人们很难静下来思考，所以很难出现大师。

但即便如此，我们也不能放弃思考和追求，应该有志于发现或成为这个时代文化符号的代表，至少心底要有追随“大师”与“大家”的精神。

身为创作者，应该有更高的格局和追求，不要局限于成为某一个领域的专家，而应该致力于把你的经验和智慧传播给更广大的群众，成为代表大众、代表这个时代的文化符号。

第三条，真正的大师可以成就年轻人。

真正的大师身上，有一个明显的标志——能够将知识深入浅出地传递给大众。

我们常说，专业知识是大众的敌人，专业术语往往是专家与大众沟通的障碍。一个真正的大师，应该追求用简单的语言去传递专业知识，这不仅有利于知识传播，也是对知识理解深刻的体现。

更进一步说，真正的大师要能成就年轻人。年轻人代表着未来，通过向年轻人传播知识，不仅能够激发年轻人的潜能，还能从年轻人身上得到更多的滋养。

年轻人的思维是活跃的，它是任何时代最蓬勃的生命力之源，通过与年轻人交流，可以获得新的启发和灵感，有助于思想的进化，也就是我们常说的青出于蓝而胜于蓝。

第四条，不要过于迷恋聚光灯，只想成为舞台中央的人，而要成为舞台中央最闪耀的人身边的人。

任何一个人，都不可能永远待在聚光灯之下。我在出版行业做了 20 多年，见证了许多人在聚光灯下享受短暂的辉煌，然后黯然离场。

《道德经》里说："夫唯不争，故天下莫能与之争。"大师的真正格局，不是让自己成为舞台中央的人，而是让自己成为舞台中央最闪耀的人身边的人。

你越是迷恋聚光灯，越是舍不得放下荣耀，就越得不到你想要的东西。要知道，每一代人都有自己的情怀、话语体系和知识偶像，要想穿越周期，持续地发光发热，关键在于懂得适时地靠边站，这是一条很重要的长红策略。

第五条，成就想要成就他人的人，做一个成功的摆渡人。发掘新的作者成为新的大师，体现出版人的分量和水准。

在出版行业，很多内容从业者的成功其实不在于自身的成就，而是成为一个摆渡人，通过助推或者陪跑，帮助很多作者跨越知识的河流，从专业领域走向大众视角。

即便你成为大师或者专家，最终也会成为摆渡人。成为大师之后，你的使命就是帮助年轻人实现他们的目标，这也是各行各业的专家的宿命。

对于出版人来说，能不能够发掘到新的、好的作者并帮助他们成为大师，是体现一个出版人水准的重要标准。

在我们眼中，优秀的内容策划人、操盘手、孵化手，不是那些已经和许多优秀作者合作过的人，而是成就了许多人的人。

随着时代变化，出版行业的合作逻辑也在发生变化，摆渡人也要顺流而上，成为弄潮儿。

当然，作者经由我们“摆渡”一程，取得了成功、成为有公众影响力的人物时，我们应该适时地选择放手，懂得切换与之相处的姿态，及时调整跟他的合作方式。这也是一种智慧。

我们写这本书的目的，不仅在于传播爆款畅销书的创作方法，更希望抛砖引玉，激发更多的内容从业者去思考和探讨，如何让我们的内容行业变得更加专业化、职业化，并努力推动这个行业产业化与成熟化的进程。

后记

新时代的作家与编辑，新时代的出版与代表作

书海相逢已是缘，愿人潮相聚终有时！

时代的车轮滚滚向前，就我看来，“作家”的称谓应该被赋予新的内涵。不只是出过书的人才是作家，各种形态的新媒体内容创作者，只要优秀都是作家。创作不在于形式，而在于内容本身的价值，而“代表作”则是对一个内容创作者的作品最高的褒奖。所以，如果你想创作，表达的形式不重要，表达和发声本身最重要。只要发声，最终有诚意的表达会成就你！

新的时代，工作的内涵也在不断地重新定义。编辑工作不只是传统的编辑，每一个内容创作者，都或多或少地做着编辑工作。从这个意义上说，人人发布创作，人人都是编辑。

就我看来，得到的创始人罗振宇老师是新时代最成功的编辑之一。罗老师重新定义了编辑力，淋漓尽致地诠释了编辑力。我认为当年《罗辑思维》的成功就是编辑力的成功，得到的成功则是被放大的编辑力的成功。罗老师对趋势的判断力、对大众的影响力、对内外资源的组织协同力、团结多方的结构化共创力以及激发愿景的能力，在我看来就是未来编辑工作者能力探索和进化的五大基本方向。

新时代的出版，到底是什么样的出版？在我过去 10 年的探索中，我认为知识付费是新出版，线上的课程制作人就是新的出版编辑。短视频需要编辑，也可以整理成集进行系统性的价值传播，从这个角度来说，它也可以是出版。直播已经成为今天价值传播与链接非常普遍的形式，它的即时性与价值传播的高效性，值得出版人探索和研究。

说到这里，我想纸质书会不会消失，对于出版与编辑来说已经不重要。因为出版是时代的出版，编辑是时代的编辑，作家是时代的作家。只要我们不放弃对这个时代的热爱，用心记录、用心整理、用心传播，出版无疆界，代表作也不设限！

书已至尾声，是时候和您说再见了。生命之流滚滚向前，感恩能与您在文字的浪花里相遇。你我书海相逢已是缘，愿人潮相聚终有时，山高水长，后会有期！

刘 Sir

这书能卖100万册

超级IP都在用的影响力杠杆

刘 Sir　剽悍一只猫　筝小钱

领衔共创

《这书能卖 100 万册》

主编

刘 Sir

蒋香香

编委会成员

剽悍一只猫

周自立

李清霖

筝小钱

郭子敬

我是刘 Sir，一个在内容行业持续探索 20 多年的老兵。从传统纸媒出版，到知识付费，再到与老师聊书，创作内容的形式在不断演化，助推作者出书的使命却从未产生动摇。

在这个“人人都是发声者”的时代，“作家”的身份已经有了新的内涵。各行各业的人，想要表达自己的人，都有机会出版自己的代表作。作为从业多年的内容创作者，我看到了前所未有的机遇——期待以更新颖的方式，助推更多的优秀作者，从幕后走向前台。

于是，我联合图书相关领域的资深从业者一道，为新时代的作家们写下了下面这些文字。希望以通俗易懂的语言，告诉大家应该怎样创作一本属于自己的代表作。

如果你想出一本自己的代表作，想通过代表作来放大自己的价值，想通过代表作来完善甚至迭代自己的认知，那么，**你可以扫描下方的二维码来链接我。**

我送你一个“出书避坑指南”，希望和你以书交个朋友！

刘 Sir

2025 年 4 月 30 日

目 录

“原子弹级”IP 创富密码
——如何打造一本价值千万的书？

作者简介
剽悍一只猫
个人品牌顾问
《一年顶十年》作者

我是《一年顶十年》的作者，剽悍一只猫。这本书光是纸质版就发行了三十多万册，给我带来了巨大的品牌价值。

在很多人眼中，我是一个“别样”的存在——虽然我颇有名气，但实际上我是个“隐士”。

刘 Sir 和我说，有学员问他，在不露脸的情况下打造 IP，还有没有可复制性。

我觉得，露不露脸都是自己的选择，都可以做。我选择不露脸，与我个人的性格及个人经历有很大的关系。

我一直很注重记录，有很多文字的积累。我写公众号，还写自己的专栏。目前已经开到第五个专栏了。每一个专栏，我都要写365篇，可以想象，我有多少文字作品在影响身边的人。

2016年之前，我一直默默无闻；到2016年，我靠写公众号积累了一些名气。有很多人捧我，有的读者，甚至见到我就会哭。我内心的感觉很复杂——一方面，我得到了尊重，很开心；另一方面，我害怕自己会浮躁、骄傲，会扛不住各种诱惑。

浮躁、骄傲的时候，是没有心思去做那些扎实的事情，让自己好好练功的。这样下去的话，很有可能昙花一现。

经过一番内心挣扎，我决定开启隐居生活，踏踏实实去沉淀、去练功。

到现在为止，这种生活已经持续了八年左右。

社交怎么办？私下见面呗。多年下来，我已经见了上千位牛人和智者。

现在，我比以前更能沉得下去，基本功也比以前强太多。

用书打造 IP 的方法

我能走到今天，成为很多人眼中所谓的“传奇人物”，不得不承认，运气很重要。

另外，还有几个关键点，应该能给大家带来一些启发。

有书在持续不断地卖

一本好书，是很好的连接载体。你有一部特别能吸引目标用户的作品，并且持续不断地做推广，这其实是极好的获客方式。书在不断销售，自然而然就会有人主动来找你。

我的这本书，至今依然有人在不断地订购，有时候，有人一次性就要订个几百本，拿去送人。

此刻，在世界的某个地方，很可能有人正在读我的书。我没额外做任何事情，就已经和他产生了连接。

找到枢纽型人物

每一个社群里，都有枢纽型人物。写书的话，可以加入刘 Sir 主理的书香学舍。刘 Sir 是中国出版界的枢纽型人物之一，找到他，就可以连接到很多有助于打造 IP 的资源。

首先，刘 Sir 是超级出书专家，他建立社群，是为想出书的人服务。我跟他交流过，他的专业能力确实很强。

其次，书香学舍这个社群里，有很多与出版行业相关的专家、作者等。大家在持续地出书，受到这种氛围的刺激，你出书的动力会更足。另外，在这里，你还可以学到很多先进的做法。

最后，书香学舍里有很多人可以为你做推荐。如果你有新书上市，内容不错，与大家相处得也挺好，你可以请社群里的名人大咖为你写序言、推荐语，或是拍短视频推荐你的新书，这能为你增强背书，对 IP 的打造会有很大的帮助。

有一定的基础用户量，通过转介绍获取新用户

我自己的社群里，大部分人都是通过转介绍来的。举个例子，我有一个俱乐部，里面超过 93% 的人都来自内部的继续跟随和转介绍。剩下不到 7% 的人，是外部新招的。你踏踏实实地做好交付，很多人愿意继续跟随并帮你转介绍，说明你已经进入到良性发展的阶段。

不要只做低价产品

不能只做几百元或几千元的产品，要试着做高端产品。

你希望用户帮你转介绍，这里有一个很重要的前提，即他们有足够强大的推广能力。

做了高端产品后，我这边吸引到一群高能量的社群成员，整体的推广实力有了巨大的提升，每次做推广，都有一群猛人来给我们提供特别给力的帮助。

拥有极强的基本功

IP 能吸引用户，一定有其独特的个人魅力。否则，用户即便被各种营销动作吸引过来，在接近之后，一旦发现 IP 的段位远低于预期，也很可能转身离开。

我一直在练基本功，解决问题的能力很强。

有很多人表示，跟我聊天，会有醍醐灌顶的感觉。

有的人跟我通话一小会儿，就想要得到专业的指导。

除了专业基本功，身体基本功也很重要。如果一个人看起来没什么精神，整个人没什么力量感，别人看到之后大概率不会想靠近。

如何创作价值千万的内容？

一本价值千万的书，内容要经过千锤百炼。能给读者带去真正的价值，才能与读者产生更深的连接，带动更大范围的传播。

在内容创作方面，我有几个小建议，希望可以给大家一些参考。

研究目标读者

每一本书，都有它的目标读者。在创作之前，要对读者画像有清晰的认知。

读者关心的关键问题是什么？你能为他们提供什么样的答案？

这些问题，都是在写书之前需要思考清楚的。找到了答案，你的创作才能有的放矢。

写短不写长

很多人写书，以为一定要写个七八万字，甚至十几万字。可我觉得，一本书不一定非得写七八万字，写两三万字也可以出一本书（我另外一本书，《明智创富指南》，只有一万多字）。

节省读者时间，让读者在很短的时间内就很有收获，这一点非常重要。

想一个好书名

书名就像人脸一样，一定要足够吸引人。就像相亲的时候，你如果不好好捯饬，看起来很糟糕，人家大概率会打退堂鼓。很多人觉得，好书名很难想到，但所谓“念念不忘，必有回响”。你要把书名当作全书最重要的内容，告诉自己，书名里的一个字，能顶正文的一万字。思想上足够重视，你就会不停地想，就一定能找到一个好书名。至于方法，我有两个小建议：

一是翻书找灵感，其他的书会给你一些启发；

二是去找人聊，聊多了，总会有灵感。

反复打磨内容

《一年顶十年》这本书，我前后邀请了几十人给我提供反馈，修改了差不多三十遍。

内容经得起考验，书才能真的常销。

特别值得一提的是，书的目录，一定要非常吸引人。

《一年顶十年》的目录就打磨到了极致。这里，我把目录的一部分给大家展示一下。

> 大升级
>
> 贵人　如何让自己拥有超好的贵人运？
>
> 团队　如何打造极有战斗力的小团队？
>
> 社群　如何打造极有商业价值的社群？
>
> 销售　如何让你的销售能力大幅提升？
>
> 品牌　如何让你的个人品牌越来越贵？
>
> 冠军　如何运用冠军战略吸引好机会？
>
> 赚钱　如何有效提高自己的赚钱水平？
>
> 写书　如何让写书这件事变得更容易？

这些经过认真打磨的目录，连字数都是一样的，这体现了我的“文字强迫症”。

书做得好，内容足够出色，可以为你赢得读者的信任。进而，可以大幅降低成交成本。一旦有足够的读者为你主动传播这本书，你甚至可以省下上千万的广告费。

怎样包装一本价值千万的书？

书是你送给世界的礼物，当然要搞好包装，不能随意为之。

做一个“超级显眼包”

很多人都跟我讲过，第一眼看到《一年顶十年》时，都觉得它是成功学，但是又挪不开自己的目光。

这本书的书名足够吸引人，字体足够大，红色的封面也非常醒目。

书名的重要性，前面已经讲了。字体足够大，大家一眼就能看清楚。鲜艳的红色，让它能从众多图书中脱颖而出。就像大家拍合照一样，大部分人的衣服都是浅色的，只有一个人穿着红色的衣服，这个人必然会特别显眼。

你的书摆在书架上，就相当于占了一个广告位。一定要做“超级显眼包”，一定要做最靓的仔，包装一定要非常到位！往那一摆，就能让人看见，让人忍不住想要拿起来看。

要有礼品思维

包装图书，一定要有礼品思维。除了书的内容确实能满足刚需以外，还要能给人足够的面子。读者能拿得出手，愿意送给别人，这本书的包装才算到位了。

我在书上写了一句话，叫“加速变化的时代，写给能成事的你”。读者买这样一本书送人，可以给对方美好的期待和祝愿。当很多人把你的书当作送礼佳品，复购行为就会大量发生。

电话推销

《一年顶十年》出版之前，我通过多个渠道联系到了很多“大群主”。

通过打电话，让他们更了解我的价值，让他们对我的书产生兴趣。

书籍上市后，这里面有一些人真的就批量采购了我的书，有人一次就采购了 5000 本。

赠书就是打广告

举个例子，我曾给某优质社群一次性赞助了 5000 多本亲笔签名书，有人可能会觉得这有点大手大脚，但实际上，这对我而言，是非常好的打广告的机会，我当然要好好珍惜。

推书是一件长期的事

你的书出版之后，整个流程可能完成了不到10%。

第一轮的传播中，也许只能卖出5万册、10万册。但是没关系，要卖出100万册，10年不行，那15年呢？

祝你早日出版自己的畅销书。

编辑能力的五个层次

作者简介

刘 Sir

书香学舍主理人

合生载物创始人

从事内容行业 20 年，服务 IP 超 3000+，专注帮助知识 IP、创始人打造个人代表作

首创 3 天时间帮助创始人、知识 IP 聊出一本书的书、课、短视频高效共创模式

曾出版《定位高手》等作品

一本书就像是编辑跟作者共同生的孩子，编辑需要理解作者、吃透作者，和作者打好配合。毕竟，编辑的使命，就是助推作者成为更好的自己，这也是作者选择编辑时的底层需求之一。

可惜的是，有的编辑往往忘记了自己的使命。

有的编辑，看到作者的书稿之后，第一反应是，这个内容不行，成不了畅销书，要么拒稿，要么带着情绪工作，反而成为作者的“情绪炸弹”；有的编辑，对自己的要求极低，只要书稿能满足出版条件就可以，很少和作者沟通，只是按照自己的理解去修改稿件；等等。

而真正的好编辑是怎样的呢？他们会和作者一起梳理内容，会对作者的知识进行提炼，会帮助作者精准表达观点，会激发作者新的认知，甚至是共创新的认知。

编辑的发展路径

从事内容行业的前十年中，我对编辑的要求只有三个：校对能力、编辑成册的能力和策划包装的能力。与这三个能力相对应的职位，分别是校对编辑、文字编辑和策划编辑。

这三个编辑岗位之间，几乎没有晋升的路径。在很多公司，校对编辑永远负责校对，文字编辑永远负责编辑成册，策划编辑永远负责策划。也就是说，这三个岗位，对应的是三种职业路径。

在某些公司，除了策划编辑以外，其他岗位的编辑，几乎一眼就可以看到发展的尽头，很难拥有富有想象力的职业发展空间。这就导致，很多编辑认为，策划编辑就是编辑职业的天花板。

然而，在许多民营出版公司，策划编辑最后会变成寻找资源的人，他们只需要与一些头部的作者建立良好的关系。关系维护好了，就能从作者那里源源不断地拿到书稿。作者的流量很大，书自然能卖得很好。这种情况下，对策划能力的需求反而没那么强了。

从在传统出版行业出版上千本书，到投身知识付费行业开发两三百个课程，再到我们首创了书、课、短视频共创这个业务，在深度的实践当中，我们深刻地感受到编辑能力有层次之分。

编辑能力的五个层次

编辑意识到编辑能力的五个层次之后，就知道了自己内容生产能力提升的五大方向。

内容创作者意识到编辑能力的五个层次之后，就能找到更好的编辑为自己做助推，为自己赋能。

编辑和内容创作者对五个层次的理解越深刻，越有利于他们之间的合作，也更有利于打造出更好的内容产品。

第一个层次，编辑成册。

编辑成册，就是把作者的一系列素材编辑成一本书，这是绝大多数图书编辑都具备的能力。

不过，它只是将内容编辑成一本书，并没有深入到内容的核心、作者的精神内核，是编辑最表层的能力。

第二个层次，精准梳理、提炼表达。

精准梳理、提炼表达，是帮助作者用更准确的语言来呈现内容。短视频剪辑手可以在 30 秒的短视频里，抓取作者最核心的、最值得向大众表达的内容，靠的就是这个能力。

在过去很长一段时间，一个内容生产者想要变现，最常见的路径就是出一本书，获得版税收益。

但今天，版税收入只是内容生产者收益中较小的一部分了，而且书籍出版越来越靠近内容产品生产的后端，这也就要求图书编辑越来越深入到精准地帮助作者梳理表达的环节。

那些以口头语言表达为主的知识型的作者，不知道如何使用大众语言的专家型的作者，恰恰是编辑可以赋能的对象。

第三个层次，帮助作者结构化内容。

结构化内容的能力，就是把作者的内容结构化地呈现出来，很多编辑都缺乏这个能力。

在我们的共创实践中，作者跟我们聊完一篇书稿之后，我们能告诉作者，这部分内容他主要讲了什么，分别是 1、2、3、4 等，我们帮作者梳理他的表达层次和逻辑结构。

这个能力，是在知识付费出现之后，在课程制作上首先体现出来的。一般来说，在结构化表达上，课程制作人比图书编辑做得更好，图书编辑要在这方面向课程制作人学习。

能够达到第三个层次的编辑，目前市面上很少，也很值钱。

一个编辑让自己更值钱的方法，是挖掘价值、传播价值。我们要在内容里挖掘，在这个时代，好的内容是比钻石和黄金还重要的存在。对编辑来说，能够结构化内容是一个特别重要的能力。

第四个层次，激活作者的潜在认知。

作者的认知，是他头脑中固有的东西。激活作者的潜在认知，首先要跟作者的认知保持同一维度。这个能力，对编辑来说是很大的考验。

特别是一些专业型的作者，长期浸泡在专业人士的交流圈子里面，有时候觉得自己说的有些话特别没有价值，但实际上，这对大众的表达来讲是特别有价值的。编辑需要激活作者的潜在认知，代表大众用户去提问。

当一个问题由一个专业人士向一个专家作者提问的时候，得出来的答案就会很专业。但是，当你的问题本身是代表大众提问的，得到的回答就会更大众。

想激活作者的潜在认知，还要懂得一些心理学、营销学知识。在面对面的沟通中，让他沉浸式地感知到，你愿意听作者表达，激发他的表达力。

就像我们和营销专家李勇老师做共创，刚开始交流时，他讲的都是很专业的语言。随着对聊的时间越来越长，我们把他对于大众表达的潜在认知激活后，他的表达也就越来越大众了，自然而然就知道怎么跟大众说话了。

第五个层次，跟作者一起共创新的认知。

这是一种最高级的境界，是激发作者认知之后，与作者碰撞的过程中，一起创造新认知的能力。

在你手中的这本书里，就有很多在共创的过程中，我们通过整个团队的互相激发，总结出来的过去没能总结出来的结论。

比如说，代表作的三个作用，原来可以跟软性营销里的“三个基本”相结合，也就是情绪的共鸣、认知的同频及背书的影响。

用户在购买一个产品的时候，不只在意价格便宜，还关注情绪的共鸣、认知的同频、背书的影响。这意味着，在未来的深度内容营销中，代表作的价值更重要了。这都是在共创的过程中产生的新认知。

能力可以达到第五个层次的编辑，就能在与作者的共创交流中，产生心流体验，碰撞出新的火花。这样的编辑会变得非常稀缺，非常有价值。

这五个层次的编辑能力，是编辑一辈子都可以修炼的，可以让编辑享受时间的福利。同时这意味着内容行业进入了真正专业化分工的时代，也意味着给编辑提供了一条未来可持续发展的职业化路径。

编辑能力的背后是行业发展

我们始终相信，只有产业化才能够推动商业化，只有商业化才能够推动职业化，只有职业化才能够推动专业化。

当一个作者、内容生产者，能够意识到新的媒介工具带来的机会，从商业的维度，推动我们的职业化与专业化的进程，真的是一件值得期待的事。

在专业化进程中，不只是编辑行业需要编辑，其他行业其实都需要编辑，因为所有的行业、公司、个人，都需要自己的知识工作手册。当你意识到这五个层次，你可以给自己当编辑，进行自我的精进与修炼。

这五个层次的总结，适用于知识经济时代的每一个知识工作者，是每一个做内容生产和助推的工作者都应该思考的一种能力模型。

未来，很多工作都可能被机器替代，各行各业中能留存下来的人，一定会有知识工作者。因为知识工作者既包含了理性的部分，还有感性的激发。这样一份拥有人的属性的工作，是很难被 AI 替代的。

身为编辑，应该有探索边界的能力。我们打开压制着编辑的盖子，他们就能给作家提供更强大的支持。

热爱文字的编辑们，不妨思考一下，编辑的核心价值到底是什么？你的编辑力在哪个层次？

当然，我们提出的这五个层次，只是给你的一个参考，希望能够激发你的思考。我相信每个人心中都有自己的答案。

共创编辑的自我修炼

作者简介

周自立

笔名“悟三”，个人发展学会合伙人，合生载物副总编辑，资深内容策划人

曾策划编辑《简单做事》《做长期正确的事》《人人都需要的销售演讲力》《自主学习力》《陪孩子走稳人生第一步》《阅读是富养自己最好的方式》等

图书稿件的共创流程，通常是我们与作者进行为期 4 天的深入访谈，之后将访谈的录音转成 20 万 ~ 30 万字的文字资料。接着，由一稿编辑进行初步删减和整理，将字数删减至 10 万 ~ 20 万字。然后，由二稿编辑进行进一步处理和精加工，最终形成 8 万 ~ 10 万字的图书初稿。

共创一稿整理的原则

在进行一稿加工时，编辑须对文稿进行大量的删减和整理工作。

在整理的过程中，有几个原则需要遵循。

原则一，保留作者的语感。对于可改可不改的内容，一定不要改，充分尊重作者的表达习惯。

我们是帮作者梳理、加工、编辑内容，而非替代作者重写。这也是为什么在为期 4 天的谈话中，编辑都需要在现场旁听和记录的原因。

比如说，聊天时有些作者喜欢使用“比如”，而有的作者则喜欢用“例如”，这类个人表达习惯，我们无须改动，应尊重作者的独特风格。

原则二，政治导向问题须注意。涉及港澳台地区的标准表述应格外注意，台湾是中国领土不可分割的一部分，这种政治导向的问题必须把握准确。对于一些长期生活在国外或有国外背景的作者来说，可能会因文化差异，而在这方面出现表述偏差，编辑须特别留意并予以纠正。

原则三，整体稿件的文字须把握流畅度。前后文的衔接应自然流畅，阅读时应能感受到文字的美感。一稿编辑要将提出的问题与作者回答的内容流畅地串联起来，构成一篇内容完整、叙述连贯的稿件。

原则四，文章中的案例须把控风险。有些作者在举例时，所提及的人物在当时可能没问题，但过了一段时间之后，该人物的人设、言论出现问题，口碑因此而坍塌了。涉及这类案例，我们应尽量避免使用，或者替换为更正面、更具代表性的案例。

共创一稿工作当中的难点

在共创一稿时，编辑在前期与作者的沟通和交流至关重要。

作者表达的专业知识，对一稿编辑来说通常是一个难点。在与作者沟通的过程中，我们需要深入了解作者的专业领域，包括作者所从事的工作内容以及想传达的知识，我们都需要细致地挖掘。这一难题，可以在前期调研以及为作者整理资料的过程中逐步解决。

有时，作者对我们工作理解存在偏差，一部分作者误以为我们是写手。但实际上，并不是这样的。编辑本身就是幕后工作者，这一点是毫无疑问的。作者在台前传达知识与观点，我们于幕后帮其进行内容梳理。我们与写手的不同之处在于，我们需要与作者进行深入的互动与交流。在前期的采访过程中，我们会认真倾听作者想表达什么，他能表达什么。通过深度的交流，增进彼此之间的了解。

共创书稿，意味着编辑和作者是一个共同体，共同致力于知识的传递与作品价值的创造。

其实，有这样的误解很正常。一开始，我也把自己当成一个写手，但通过与作者的沟通与交流，我发现自己也与作者在一同成长。我逐渐意识到，这是一份有长期价值的工作，我不是在做一个写手，而是在为作者赋能。我们的共创编辑工作是结构化创作，是基于市场调研和作者观点的表达，然后把这些内容梳理成一篇篇文章。

而且，我们会帮助作者进一步填充内容，像之前与海蓝老师共创书稿时，与她聊完之后，我们又反复地进行内容的填充，将她的公众号、朋友圈的一些文章中的精彩部分提取出来，巧妙地融入文稿中，去完善她的观点和表达。

写手的工作，侧重于从作者提供的资料中去“扒”内容，整理文字的过程与作者沟通较少，缺乏情感的链接。由于文章是从资料中攒出来的，难免会融入写手的个人见解与情感。因此，共创编辑与写手的差异体现在两方面：一是情感链接的有无；二是创作形式的不同。

共创二稿的工作原则

二稿编辑的工作，不仅是在一稿的基础上再做进一步的删减，更重要的是进行标题和金句的提炼，以及对稿件整体内容进行串联和梳理。

在拟标题时，我们会优先选择作者表达的金句，这样既能让作者一眼认出是自己表达的原意，也能让读者感受到作者的个人风格。

当老师的金句不足以满足标题需求时，我们会采用“以偏概全”的方法，选取作者表述的几个重要的关键词作为标题。我们在前期拟图书框架、做作者访谈时，都会提炼出关键词。从这些关键词中延伸出一些标题，便能概括这一整节内容的核心要点，虽然可能无法完全贴合作者的每一句话，但偏差不会太大。

在串联上下文方面，我们需要注重整体的衔接感与逻辑性。有些稿件，单独阅读每一段都很精彩，但缺少统领全文的过渡，导致整体连贯性不足。

因此，在编辑文稿的过程中，我们需要通读三遍，每遍各有侧重。

第一遍，确保结构完整，没有重复和遗漏。

第二遍，关注于衔接部分与逻辑顺序的梳理，确保每段内容紧密相连，全文流畅易读，不产生阅读障碍。

此外，还要特别留意逻辑问题。比如，一部分作者在表达时，口语化较重，思考不够缜密，可能导致段落顺序不合理，原本应前置的内容放到了后面。此类情况，可能一稿的编辑未曾注意到，二稿编辑就需要进行更为细致的调整。

第三遍，对整个稿件进行精细化打磨，检查每一个细节是否到位，包括用词是否准确，标点符号和数字使用是否规范等。同时，我们还会再次审视标题和金句是否足够吸引人，以及整体内容是否达到了预期的效果。

最终的稿件需要在尊重作者的前提下，确保文字流畅、逻辑清晰、标题出彩且体现金句。这样的稿件才算基本合格，可以交给出版社准备出版了。

在编辑稿件的过程中，当我们遇到作者的某个知识点讲解不清或存在疑问时，会及时与作者求证，确保内容准确无误。这要求编辑不仅要具备丰富的知识储备，还需具备敏锐的问题发现能力和解决能力。虽然编辑是在幕后工作，但我们更像是一个涉猎广泛的杂家。只有这样，我们才能为作者赋能，共同创作出优秀的作品。

优秀的共创编辑的要素

作为一名共创编辑，首先须具备良好的心态。

编辑是幕后工作者，其职责是助推作者。一本图书，字里行间除了闪烁着作者的思想光芒以外，也依稀能看到编辑的身影。即使书籍上可能没有留下所有编辑的名字，我们也应重视编辑自身的价值。

共创编辑还须具备出色的沟通能力，但这往往是很多编辑的短板。在共创出书的工作中，从前期的资料收集到中期的稿件讨论，再到稿件处理和与出版社的沟通，每一个环节都离不开沟通这项基本能力。当编辑能很精准地表达自己的想法，并与作者进行高效的沟通时，我们不仅能帮助作者节省时间，也能提高自己的工作效率，这正是我们共创工作追求的价值所在。

此外，基础的文字整理能力是编辑工作的基本要求，对于共创编辑来说更是不可或缺。除了具备将文字编辑成册的基本技能，与传统编辑相比，共创编辑需要更强的沟通能力，以准确、清晰地用文字表达老师的观点。

编辑是站在作者背后默默支持和成就他们的人。我们希望每一位从事编辑工作的人，在做这项工作的时候，能时常回顾自己的初心：

你是为了自己成名，还是为了发掘优秀的作者，去帮助作者创作更好的作品？

被误会的审稿人员

作者简介

李清霖

笔名“林子”，书香学舍总编辑，合生载物内容总监，资深内容审核专家，儿童教育专家

于2009—2012年赴菲律宾从事对外汉语教学工作，荣获“教育部优秀对外汉语教师”称号

自2012年起在江西出版集团、国学院网等单位从事图书编辑及审校工作，曾任职于洪恩教育总编室

提及“审稿”这一问题，有些人或许存在误解，认为审稿仅仅是校对错别字和语病。

其实，审稿编辑不仅要对文稿的知识、思想与价值观进行严格筛选与把关，还须重视信息的准确性、观点的客观性以及文化的传承与创新。

在图书出版流程中，“审稿”一直都是不可或缺的一环。

审稿工作远不止是完成文字校对任务那么简单，而是一项综合性的文化工作。

审核，是强化图书舆情管理的重要手段

图书、杂志、报纸等纸质媒体，历来都是舆论宣传的重要载体。

比如，1915 年创刊的《新青年》，对当时社会的整体趋势和青年人的觉醒都产生了非常重要的影响。

解放战争时期，杜鹏程的《保卫延安》、吴强的《红日》、曲波的《林海雪原》，以及罗广斌和杨益言的《红岩》等，通过文字宣扬了伟大的革命精神，给读者带来精神力量。

时至今日，新华社、《人民日报》的署名文章等依然承载着这一功能。

提及舆论导向，我们可以引用钱学森先生说过的一句话：

> “一个国家，经济落后了，可以用十几年赶上去，社会风气坏了，几代人也难以修复。”

由此可见，审稿环节对于图书来说是至关重要的，它直接决定了图书的整体质量与风貌。

图书审核的具体标准

从总体来看，图书的审核要求主要从四个方面进行考量：书籍的学术价值、作者的思想深度、书籍内容的逻辑结构以及文章的语言表达。

从内容形式上来看，图书审核有着严格的要求，除了依据《标点符号用法》《出版管理条例》《图书质量管理规定》，还须参照《中华人民共和国未成年人保护法》《中华人民共和国民法典》等。

图书的审核标准，归纳起来主要有两点：一是图书出版物不能违背相关的法律法规；二是不能违背公序良俗。当然，这两点只是图书审核的最低要求，而稿件的质量提升，则是永无止境的。

关于图书的学术价值，并不是说内容知识一定要多么高深，或者说领域研究多么冷门，而是其学术价值能够符合读者的认知，经得起检验，并行之有效。

其中包括研究型书籍，如适用于学校和科研机构的书籍，以及适用于大众阅读的书籍。无论是国内还是国外的书籍，只要提出了新的观点，比如简·尼尔森(Jane Nelsen)创作的《正面管教》，在世界范围内都具有影响力，也被大多数的家长所认可，此类书就具有一定的学术价值。

出版书籍需要经历读者接受的过程，并能够长期流传下去，才能称之为受欢迎的读物。比如中国的四大名著，小说在古代并不是主流读物，但是经过了时间的检验和读者的认可，也成了经典。所以评判一个作品的好坏，首先要看它的思想导向和政治导向是否正确，同时还要看内容结构是否合理，是否适应读者的需求。这里所说的适应读者的需求，是指这个作者所写的主题和表达方式，是否能够和读者群相契合。

在审核过程中，要用历史和发展的眼光去看待问题，避免“一刀切”。对于实实在在发生过的事情，我们可以去记述并表明自己的立场。这包括一些历史事件以及现代社会普遍存在的问题，比如家庭教育工作者在工作过程中，可能出现的不合理甚至违法的现象，像体罚、言语辱骂、人身攻击学生等，这种情况我们可以如实记录，但我们一定要表明自己的立场。在立场正确的情况下，不要出现审核“一刀切”的行为。

某些图书选题，如果因为审核麻烦，担心出问题就直接“一刀切”，不出版了，这是多少有些“教条主义”的。比如说一些历史人物、历史事件的评判，其实在《出版管理条例》中是有规定的，只要书稿中的观点符合主流价值观和法律规定，其思想价值和政治原则就没有问题。

一本书的思想深度，并非要求它必须拥有多么深奥的知识或鲜为人知的原理，而是书稿中所陈述的事实和表达的观点，是经过深思熟虑和实践检验的，是必须符合主流价值观，符合大众的常识和认知的，而非作者自顾自地信口开河或妄加评判。

有些人误以为思想深度就是让人难以理解，但事实并非如此。像孔子所阐述的道理，往往源自日常生活中的语录，却蕴含着无比深刻的思想内涵，这些思想经得起时间考验。孔子所提倡的“孝”与“悌”，正是基于几百乃至上千代人生活实践的智慧结晶。它们不是抽象的概念，而是深深植根于人们的日常生活之中，成为世代相传、至今仍被广泛遵从的礼仪规范。

因此，思想深度并不等同于晦涩难懂或故作高深，相反，它往往以最朴素、最直接的方式触及人心，揭示出生活的真谛。

关于书籍内容的逻辑结构，是指稿件的行文必须符合逻辑。比如，稿件内容是否与主题相呼应，是否切题，以及行文结构是否符合前后关系，是因果关系还是并列关系，是归纳演绎还是总分结构等。因此，在评判稿件是否符合逻辑时，主要看作者是否准确把握了观点或案例，并正确地在文稿中呈现出来。

关联词的使用也至关重要，如“因为、所以，因此，从而”以及“只有……才，只要……就”等，它们都构成了非常严谨的推理过程。通过这类关联词，可以清晰地辨别出是必要条件、充分条件、充分必要条件，还是不充分也不必要的条件。因此，审核人员在遇到这些关联词时，需要格外警觉并仔细审查。

解决的方案说复杂也复杂，说简单也简单。复杂是因为我们要整体把控稿件，而简单的办法，有时只需要替换或删掉一些关联词，文稿的逻辑就顺了。最关键的是，对于逻辑的判断要准确。

文章的语言表达也很重要。文稿表述方式必须符合作者的语感，如教育学家、心理学家、医生等，他们的表述方式各不相同。而文从字顺、易于理解是语言表达的基本要求。同时，方便传播，能发挥舆论导向作用也很重要。因为好的作品一定是口口相传，而不是读者买来束之高阁的。

此外，语言表达上还需注意避免语病、错别字和语义重复，这些都属于编辑的基本能力。

有些作者会有疑问，自己在写稿子的时候，引用了别人的观点，这算不算抄袭呢？关于这一点，需要注意的是，在引用他人观点时，要准确表达引用来源，不能把A的话说成是B说的。如果引用的作用不明显，或作者只是认为引用某个名人说的话而显得文章“高大上”，这类引用建议直接删除。另外，还须注意引用比例和是否恰当引用的问题，不能把别人的观点直接当成自己的，否则就有可能构成了抄袭。

审核可以说是一份专注于“挑刺”的工作。

作者和审核人员需要拉齐认知，共同遵守稿件质量、内容和形式上的标准。只要双方标准达成一致，我相信我们的作品肯定会越来越好，优秀作品也会越来越多。因此，作者在创作时，不妨思考一下如何使作品更好地通过审核。

作者找合作中常遇到的“坑”

作者简介

蒋香香

书香学舍 & 个人发展学会 CEO

内容共创模式联合发起人

全网粉丝 80W，携手团队累计开发爆款书课 200+

企业家、创始人、知识 IP 的爆款代表作操盘手

香姐只出代表作，只想跟出代表作的老师合作！

如果你是一位作者，想找到靠谱的出版方，首先你需要了解国内的出版方式，以及哪些人有资格帮你出版一本书。

靠谱的合作方哪里找？

在中国，一本书的出版需要经过严格的审核流程，与我们在网上随意发布作品不同。书籍出版须经过国家新闻出版署的审批，并获取书号后才能印刷、发行和上市。目前，只

有正规的出版社才有资格出版书籍。

你需要先找到能够申请书号的出版公司或机构，这样的合作方才是可靠的。如果市面上有人声称可以帮你在国外出版，并提供国际书号，还给你一个比较低的价格，这类出版形式在我们懂行的出版人看来，十有八九是骗人的。

因为国际发行的书籍不能直接在中国境内发行，需要经过引进程序，并在特定的渠道才能销售。纵然你使用国际书号出版了你的作品，但它并不是所有书店、所有读书博主、所有网店都能够推销和售卖的。

要判断合作方是否靠谱，你需要谨记两点：

第一，看你找的公司是否具备出版资质，能否将你的书发行上市，并查看其是否有国家正规的 CIP 书号备案。如果没有，那你很有可能遇到了骗子。

第二，了解国际书号和国内书号的区别。在出书之前，你需要明确你出书的目的是什么。如果说你的书只是为了评职称或出版成册，不考虑市场销售，那么使用国际书号和国内书号都可以。

但如果你的目的是让书在大众市场上售卖，让更多的人受益，并获取相应收益，那么千万要不要选择国际书号，因为在中国境内无法销售。

如何选择合适的出版方式?

在中国，目前的出版合作方式主要有两种：自费出版和版权采购。

自费出版通常是出版方尤其是民营出版公司，在评估你的选题可能不太受大众读者欢迎或市场销量不乐观时，会提议你自费出书，即自己承担这本书的制作及发行上市的费用，确保这本书能给出版方带来经济效益。

而版权采购，是当出版方认为作者创作的书稿具有较高价值，预计上市之后会受到广大读者的欢迎并有良好的销量时，他们会提出版权采购，给予作者版税。这意味着作者无须自费补贴书籍的出版。相反，出版方会向作者支付费用，以购买其版权。

以我们书香学舍为例，在大多数情况下，我们都建议老师选择版权采购的形式。因为一旦出版方花钱购买了你的版权，他们在后期书籍宣传推广上，就会更加用心，会全力以赴。

这样，就有可能提升你的书籍销量和影响力。

自费出版在某种程度上对于出版方来说，它们所需的出版成本已经由作者补贴了，因此，他们的最终目标是确保书籍的出版，而不是追求书籍的畅销。这与作者的目标可能存在不一致的情况。

因此，当你决定出版一本书之前，需要先问问自己：

我为什么要出这本书？我希望通过这本书得到什么？我希望它能够给大众带来什么？

当你把这些问题都想清楚之后，再考虑选择哪种出版形式更符合你的目的。

出版社怎么通过选题？

一般来说，出版社在考虑选题时会关注以下几点：

第一，书稿的社会价值。出版社在筛选选题时，不一定会看重作者的流量，但一定会审视你的选题是否具有社会价值。

你创作的内容，对大众是否有用处？是否有益处？比如，一本提升孩子专注力的书籍，切合家庭教育的需求，是具有社会效益的。同时，选题还需要符合当前的国家政策和社会价值观，不能与之相悖。

第二，作者的影响力。提交选题时，出版社通常都会询问作者的影响力情况，因为影响力直接关联到书籍的销量。

作者的影响力，一为专业影响力，比如作者为专家、教授或学者，如果是行业内的权威专家，他想出版一本专业性强的书籍，其强大的专业背景可作为口碑宣传，为书籍上市造势。二为社会影响力，即作者的大众知名度、IP 粉丝量等，作者有粉丝、有学员，意味着其价值理念有人认同，有读者基础。无论是专业影响力还是社会影响力，都代表着书籍的潜在销量。

第三，市场营销因素，即书籍的销量问题。这要求作者要么有强大的影响力，能够直接带动书籍销量，有畅销的潜质；要么能够保证书籍上市后，至少能卖出 1 万册，这是出版社尤为重视的方面。

在申报选题时，还需要填写选题表，表内需填写作者的基本信息、书稿内容介绍、目录及样章等。如果文稿的主题没有亮点，目录没有吸引力，内文缺乏逻辑性，甚至语言平淡、文句不顺，那么你的选题就没有出版价值，极大可能不会通过出版社的审核。

比如一本书的主题是如何让孩子爱上学习，文稿分为7章，那么各章节应紧密围绕这一主题来展开，而不是偏离主题去讲述夫妻之间的相处之道。当然，这可以是家庭教育中的一个小小的因素，但如果作者用了大篇幅来阐述，没有围绕主题层层递进地展开，就会失去内容的聚焦性和连贯性，难以给目标读者，即关心孩子学习兴趣培养的家长们提供所需的核心信息与实用策略。这样的书稿，即使作者具有销量保证，也可能无法通过出版社的选题会。

如何让出版社重视书籍推广？

图书上市后，很多作者就认为自己的工作已经完成，图书是否畅销、如何售卖，全是出版社的责任。一部分作者可能还会责怪出版社，没能把书卖爆。

可在我们看来，作为作者，你辛苦写出来的作品，封面上署了你的名字，这本书就如同你的孩子，值得你重视。你是推广的主要责任人，应将书籍的推广视为己任。

而对于出版社而言，它只是众多书籍中的一本，一群孩子中的一个而已。当出版社要求你拍个短视频做宣传，或者在讲座时提及你的书籍时，如果你表示拒绝，那么出版社对你的书籍推广力度自然会减弱。

作为主要责任人，你应该全力以赴，充分利用自己的影响力和资源，努力将书籍“卖爆”之后，再来撬动出版社来帮你卖。

当你主动营销，为书籍创造了一定的市场反响之后，出版方的营销团队一看这本书卖得不错，具有畅销潜力，自然而然就会为你提供更多的营销资源，更为用力地去推广你的作品。

永远不要拒绝出版方让你推书的请求，而是要积极主动地提出你的推广方案，如短视频、直播、社群推广、线下活动等，与出版方的营销团队一起合理营销，才能取得不错的销售成绩，卖出爆款畅销书。

请相信专业的力量

我很理解那些对自己的书籍极为上心的作者，他们总是担心出版方不够可靠，担心封面设计不尽如人意，或是营销力度不足。

毕竟，对于作者而言，这或许是他唯一的作品，或许是意义非凡的一本书，自然而然就对图书出版的过程倾注了很多的关注。一旦作者对此事上心了，便会担心和害怕，生怕出现纰漏，结果不尽如人意。其实，这种担忧完全是多虑了。

专业的人做专业的事，我们不应质疑出版方的专业性。而是应该尽力做好自己分内的事情，并相信专业的力量。因为在交流的过程中，每个人都期待被认可，在具备认同感的前提下，合作才能更加顺畅，事情才能做得更好。

作为作者，如果整天怀疑你的编辑能否做好选题、卖好书、推好书，或者怀疑设计师能否设计出满意的封面，对于一本好书的面世是有害无益的。你的感受会流向编辑、设计师那里。当你不信任一个人、怀疑一个人的时候，即使他有能力帮你把书做好，也可能因你的不信任而丧失积极性。

更坏的情况是，对方在很积极地帮你策划、推广书籍，可你从一开始就质疑他的专业能力。如果你遇到较真的编辑，他可能会说："既然你不相信我，就不要找我，你去找别的出版社吧。”每个编辑都这样表态的话，最极端的结果，很可能是你的这本书根本无法上市。

若是编辑不在意你的质疑，只是把自己的基本工作完成，既不会听取你的意见，也不与你进行正向的沟通与交流。你的书最终也许能上市，但结果一定不那么理想，你不是很满意，心情难免受到影响。

还有一种情况，是作者提出所有意见，编辑都一一采纳了。对于作者来说，这其实并非好事，尤其是对于从没出版过书籍或仅有几本书的出版经验的作者而言。书籍的出版流程包含很多环节，如果所有的决策都听从了一个新手作者的意见，缺乏专业人士的参与和指导，有可能一本有畅销潜质的好书，最终因决策失误，而销量惨淡。

最后，我想告诉大家，人对了事就对了。出书这件事，你最应该找到是靠谱的出版人，然后相信专业的人做专业的事。当你打算出版一部作品时，不妨先问问自己，你对你的出版方真的有充分的信任吗？

读书博主怎样把书推爆？

作者简介

筝小钱

畅销书《阅读是富养自己最好的方式》《如何有效阅读一本书》作者

福布斯环球联盟女性创业家

第九届、第十届当当影响力励志作家

资深互联网运营人

作为一个拥有 8 年从业经验、一周能卖出 1000 本书的读书博主，我可以很负责任地说，读书赛道被严重低估了，它的价值被很多人忽视了。

在过去的 8 年里，我孵化过 5000 多个自媒体账号，通过成熟的读书会商业变现方案，帮助 20 多万人获得收益和成长。

读书博主如何助推一本书变畅销？

从业以来，每一年，我们都能推起几本畅销书。简单总结一下，在把书推到畅销的过程中，我主要在以下几个方面发挥了助推作用。

撬动出版行业的新营销模式

传统的图书销售，方法很简单，就是摆在书店或是挂在网店上，一天能卖出 10 本、20 本，已经很不错。但是，这样的销量对书籍和作者，以及整个行业产生的影响微乎其微。

2024 年年初时，我推广了一本尺寸很大、很厚重，看起来不太好卖的书。作者是一位外国人，图书售价在 30 到 40 元。根据传统的销售经验，这样的书籍很难畅销。但是，在一个星期内，我就卖了近 2000 册。对于这家出版社而言，达成这样的销量，可能需要好几个月的时间。

后来，这家出版社用我的销售方法去推广其他几本新书，销量都还不错。市场上有那么多像我一样的读书博主，出版社只需要找 10 个、20 个博主合作，就能把这本书卖到数万册。

从某种意义上说，我做了一件“撬动”出版行业的事情。

提出优化建议，把书推成爆款

有时，我们会买到一些封面没有吸引力但是内容质量上乘的书，或者封面很好看但是内容比较差的书，又或者是目录和内文质量不太相符的书。

但凡遇到影响读书效果的问题，我都会跟出版社反映并提出建议。

比如，目录保持不变，优化内容质量；内文不错，增加配图以提升可读性；从单色印刷改成四色印刷，增强美观度……很多出版社会采纳我的建议进行更改，重新印刷。你会发现，经过调整后的书籍，整体成本没有增加多少，销量却能上一个台阶。

出版社的人之所以愿意听取我的建议，并不是因为我的专业水平有多高，建议有多专业，而是因为我常常与读者接触，一定程度上来说，我比他们更加了解读者的需求和市场的变化。

传统的营销编辑和市场发行，可能熟悉以往的图书销售模式，对整个图书市场或者是某一个平台的图书市场十分了解。但我作为读书博主，非常了解如何运用自媒体和私域流量卖书。书卖得多了，我自然更了解当前读者的阅读偏好。

有些阅读偏好，通过后台数据，可能看不出它的波动性，但通过更多地去接触真实的读者，就能找到它的“脉门”。比如，天冷的时候，读者更爱读文学书；天热的时候，读者更喜欢看方法论或漫画类书籍；等等。

我很乐于分享这些从读者中捕捉到的市场信号，当我将这些信号反馈给我认识的出版社编辑时，他们中的一部分人会积极采纳我的建议，并成功做出爆款书。

我非常开心能看到整个出版行业发生了巨大的变化，编辑们不再以自我为中心，去出版他们认为对的书，而是以市场为导向，出版更多大家喜欢看的书。

在一定程度上给作者赋能

在出版社之外，作者是推出畅销书的另外一个要素。

许多作者只沉浸于内容的创作，从不考虑书籍的销售情况。他们总是很自信地认为，自己的作品一定是畅销书，不用推都会受到读者的欢迎。但就我在业内的感受来说，近几年的畅销书是越来越少的。这也导致，很多读书博主越来越不愿意推书了。

为了改变这种情况，我试着做了下面两件事。

第一件事，为作者提供情绪价值。作者不愿意推书，主要是意愿不够，我会给他们提供情绪价值——你能把书写得这么好，绝对是一个很厉害的人！为什么不把这么优秀的作品分享给别人，让更多人知道你的优秀呢？多次被我夸奖之后，他们的情绪满满，开始积极主动地推广自己的书籍，慢慢地，书籍的销量就上去了。

第二件事，助力作者将书和可变现产品互相结合。有些作者，对内容抱有敬畏之心，从来不做收费的项目。这意味着，他们无法从书的销售中获取相应的报酬，推广的动力会被削弱。我曾有过同样的感受，知道他们的为难。因此，我会极力建议他们先尝试着做一次。

比如说，有个作者画了一幅图，并配了一句文案。这个作品，打动了无数人，有很多人找到他，想获得他的授权。一开始，他不敢收取授权费用。我跟他说，单次使用费，你可以试着收100元。他说，真的可以吗？我说，你可以先试试。他抱着尝试的心态照做了，很快就发现，这是一个很好的增加收益的方式。

通过这样的方式，很多作者感受到：原来写书可以得到那么多读者的喜爱，还能获得额外的收入。写书这件事，其实也挺快乐的。

不同的成长阶段要推什么书？

作为读书博主，我有自己的推书依据和标准。在不同的成长阶段，我会进行相应的调整。

第一个阶段：先推爆款书

读书博主推书，往往有很多种方案。我的首选，是推荐爆款书。有些读书博主会说，爆款书中夹杂了很多质量不高的作品，没有推广价值。

他们的说法，确实是现实情况，也有一定的道理。但我的出发点，是基于先生存下来。推广爆款书，也许价值不高，但有助于改善经济现状。

第二个阶段：精选爆款书中的好书

解决了基本生计问题后，我对所推广的书籍会更加负责和用心。此时，我会只推爆款书中的优秀作品。即那些我很认同的作者，以及很认同其中的观点与方法的书。对于那些排版不佳、印刷粗糙的爆款书，我也可以选择不卖。这个过程中，我可以加入很多自己的个人喜好，同样地，我也会带着我的学员这么做。

第三个阶段：推广非爆款但有价值的新书

到了这个阶段，我不再以卖书为生，我自己能写书，可以以写书为生。因此，我会更倾向于推广新书，尤其是那些作者不太擅长营销或者不是爆款书作者的作品。

去年，华阳老师出版了第一本书，销量达到几万册。今年，他写了第二本书。我觉得，他的新书销量可能不会像第一本书那么高。因为他特别内秀，不擅长推销自己的书。这时，我就会帮助他推广新书。

第四个阶段：推领域强者的“人生第一本书”

在这个阶段，我会关注那些在某个领域具有独特见解，但从未出版过书籍的作者。这类作者的内容及观点，对读者很有帮助，我愿意当他们的“嘴替”，替他们宣传书籍，甚至会购买他们的书籍送给身边的人。

比如，月芽老师出版了新书《花缓缓开，你慢慢来》。她缺乏自信，认为这本书只有一小部分人会喜欢。但我看完之后，坚定地相信，许多人看完她的这本书，都会有意识地改变自己。因此，我不断地帮她推广这本书。当她看到很多人因为这本书而发生改变，她感到十分欣慰，自信心也有所提升。

对读书博主来说，推书方式是多种多样的。比如图文结合、拍摄短视频卖书、直播卖书，以及举行“线上 + 线下”双向联动的读书会等。每种方式，都对应不同能力的读书博主，作者可以根据自身的需求，选择合适的博主，用适合你的方式来推广你的书籍。

一本书的好与坏应该怎么评判?

那么，对于读书博主来说，一本书的好与坏，有怎样的评判标准呢？一般来说，我们主要关注两点：情绪价值和实用价值。

情绪价值：给情绪一个释放的出口

情绪价值体现在，读者在阅读完这本书之后，能有效缓解他当前的情绪困扰。

比如，我曾读过一本名为《中年觉醒》的书，读到 40 页左右的时候，我已经能放下心中的焦虑，瞬间明白自己面临当前处境的缘由。

虽然从内容的角度来看，书中超过 50% 的文字都是案例，对一般的读者来说，也许没有什么价值。

但我觉得，既然它仅用 40 页的篇幅，就让一个 40 多岁的人放下了焦虑，那它就算得上是一本好书。

一本书，能在情绪上为我提供一个释放的出口。即使书的内容并非全是干货，不是每页都很精彩，我依然评定为它是一本好书。

实用价值：每一页都有干货

实用价值则体现在那些实用类型的书籍上，它们可能印刷工艺和纸张都很一般，但每一页都有干货，都有实用价值。

比如，我前段时间看了一本名为《起号》的书，它就是单色印刷，连一张插图都没有，但是内容非常实用。虽然它的外观品质有所欠缺，没有被更好地设计、包装，但它依然能靠自己的实力取胜。

如果把好书的标准再拉高一个层次，那就是——既要有情绪价值，又要有实用价值。它能使读者在阅读时舒缓自己的情绪，变得更自信、更坚定、更有希望，也能为读者提供干货。

关于你正在读的这本书，我希望你能够深入思考以下六个问题：

1. 你因为这本书产生了什么样的自我认知？
2. 读完这本书，你产生了什么样的信念？
3. 通过阅读这本书，你可能获得哪些新的能力？
4. 这本书将会改变你的什么行为？
5. 这本书可以让你处于什么样的生活环境或状态？
6. 对你而言，这本书到底意味着什么？

如果你能将这些问题都想得很透彻，相信你一定会有不一样的收获。

最后，我想送给大家一句话，书是可以“托举”你的。希望你能够勇敢上路，持续行动，通过读书，过上更加美好的生活。

图书营销的关键点

作者简介

郭子敬

书香学舍合伙人，IP 出书营销操盘手，中国初级卫生保健基金会身心整合发展工作委员会委员，书写疗愈教练

15 年品牌策划与营销经验，曾负责超级明星 IP 文化周边营销推广，“中国领读人大赛”项目策划人

很多作者，善于创作内容，但对图书营销并不了解。

图书营销，需要整合化的营销思维。新书上市也是基于作者本身的一次大事件营销。包括你能撬动多少关键客户买你的书同时帮你卖，触达什么样的有效宣推资源帮你推广，什么样的人可以给你做背书推荐，等等。作者是书最好的推广者，围绕作者本身能够撬动的资源，都和图书营销息息相关。单纯靠出版社推书是不现实的，如果作者可以策划上市发售，同时配合出版社的营销节奏，推广效果将会事半功倍。

营销方案比出版社规模更重要

有些咨询出书的客户，常常会说“我想在 ×× 出版社出版”或者是“我跟你合作，你能不能保证在 ×× 出版社出版？”他们觉得，在大型的出版社出书，营销方面会很省心。但就我们的经验而言，大型出版社对图书内容的筛选及把关，确实更优一些，但这不代表一定有资源会帮你的书做营销。每家出版社擅长做的选题不一样，对应的营销匹配资源也不一样。出版社在相对比较传统的线下渠道和馆配资源方面具备一些优势，但线上资源以及新媒体的图书营销方式，就需要有线上整合思维的团队来操作。

在营销阶段，更重要的还是要看图书的整体营销方案而不是出版社。适合作者人设的，同时能发挥作者资源的，往往才是更好的方案。营销的基础，是作者本身的资源，基于这些资源，与出版社进行有效互联，把两边的资源整合起来，实现效能最大化，才能确保既有声量又有销量。

作者类型不同，营销重点也不同

图书的营销方案，往往要依据作者本身的量级来确定策略。一般来说，作者可以分为A类、B类、C类三种类型。

A类作者基本是头部作家、KOL，可以撬动很多营销资源。营销时的核心工作，应该是找杠杆，撬动更大的平台。

比如像“与辉同行”等头部文化类主播，在新书上市的时候进行联动推广，这本书的基本销量就有保证了。再加上头部博主的站台引爆，推书的短视频切片内容继续作为传播推广的素材进行投放，就很容易把一本书推爆。

B类作者不像A类作者那么有影响力，但在某一个专业领域很专业，比如像知识类IP。新书上市营销的核心工作，可以针对他们聚焦范围内的精准流量做联动式的转化和发售，调动更多“他域”的流量资源帮你卖书，在这个基础上你就要为自己创造大事件，同时转化后端的高客单价产品。营销的原则，是让书成为引流品。偏知识付费的作者、有后端咨询交付的作者，都可以按照这种打法走。

C类作者一般就是指新手作者。尚且处于没有势能的阶段，也没有那么大的流量，更没有大咖做加持。营销时的核心工作，一定要聚焦知名度破圈。不只做图书售卖这个单一的动作，而是通过新书上市先做集中打榜，发布新闻稿，编辑百度百科等，同时要借助自媒体进行大范围的新书种草，如果有 5000 以上私域好友，也可以策划发售。

A 类作者顺应当下与最核心的主流媒体合作，既保证销量又促进口碑；B 类作者聚势，策划自己的大事件营销，联动他域流量出圈做转化；C 类作者造势，通过新书上市跃迁知名度，提升专业影响力。

无论是哪类作者，这些营销方式与传统的图书营销有很大不同。从只关注图书销量，转变为利用作者背后不同的资源、势能等整合而成的一种新玩法。这是一种能够快速破圈的方式，书就变成了一个有效的杠杆。

普通作者也能登上榜单

各大平台的图书榜单，并不是只有名作者、大咖写的书才能上，普通作者的作品也可以。拿当当网的榜单来举例，有 24 小时榜、7 日榜、月榜、年度畅销榜等，还有各种类目的区分，如成功励志类、亲子家教类、经济类、心理学类等。通过打榜，至少可以在某个细分榜单上占据一席之地。

打榜是系统性地营销操盘，有相应的策略。不同作者的书上市之后，按照内容选择更容易上榜的类目，也是有策略的。那些流量比较大，又具有撬动力，且高度配合营销的作者，往往更容易冲进榜单。关于评选标准，每个榜单都不一样。营销时，可以选择适合作者的榜单，集中在某个时间点推书，让作者的书冲上榜，助推作者势能和扩大影响力。

当然，除了以销量为评判标准，也有的网站更多关注书的内容，比如豆瓣读书，在每年年底会评选年度 Top 榜单，这个榜单更垂直于内容，会根据读者的打分和反馈等进行综合评选，具有很强的口碑参考价值。吸引读者为作者做“豆瓣评分”种草也是营销方式之一。

当然，不同的作者，出书的目的是不一样的。营销的策略也一定要为作者更好地赋能。要根据作者最想完成的初心目标，帮他做策划、落地。

有些作者，出书的目的是撬动自己的客户。营销人员要更多地思考怎么通过这本新书给作者的核心客户圈创造联动势能，让大家都知道他出了这本书。借助新书产生的影响力，让客户更相信他，从而实现后端成交。

另外一些作者，出书的初心是分享感悟体会，让更多人通过他的成长故事受益，是他的核心需求。营销人员在策划营销方案时，就要把重点放在书的内容上，是否有金句可以提炼，是否有值得追崇的价值观可以挖掘推广，在各个内容平台上种草植入。

还有些作者，出书是为了出名，想在短期内把书在市场上卖爆，在做营销策划时，要尝试调动更多的资源，或者是去找优质的带书主播形成联动效应，帮他冲刺销量。

作者的目的和初心不一样，营销的策划和具体方式也不一样。但营销最终的核心还是要回归到内容本身，内容即营销，内容即品牌，内容即口碑。

让自己的书拿到好评

新书上市之后，不仅要让身边的人看到这本书，帮忙做传播，还要建设最基本的内容口碑。比如，开一次新书的种草读书会，读者读完了书，可以在读书会的群里写思考、复盘和总结。这本书的口碑，带来的都是精准的流量和读者。

同时，我们鼓励作者去做分享，比如说让作者自己讲书，分享到小红书。毕竟，现在是一个人人都是自媒体的时代。很多人下单买书，是源于朋友的推荐，或者是在网上看到别人写的优质书评。

前面说过，豆瓣评分为内容评分的一种重要方式。但是，如果等读者买书、读书、评论，整个周期会很长。这时，就需要操盘手做相应的策划。比如，可以把核心读者调动起来，有策略性地引导他们，把读书笔记发到一些平台上，鼓励大家行动起来。

新书上市后的三个月营销期

我们都知道，新书上市后的前三个月，是图书营销的关键时期。

这三个月里，需要集中势能做一些事件性的营销，或者是借助作者的资源调动更多的可能性，让这本书可以创造更大的影响力和扩圈。在此期间，出版社也会极力配合，为作者的新书调配各种资源。各方合力，共同把书推成爆品。

我们帮何圣君老师做《自律上瘾》的营销推广时，就运用了整合思维，以“书+发售”的模式撬动多方资源。做一件事情，同时实现多个目标，这是发售的核心价值和意义。

我们操盘《自律上瘾》的第一个动作，是撬动读书博主，继而产生核心裂变，带来一些最重要的“种子用户”。读书博主和一般的读者不太一样，本身具有影响力和带货能力，他们可以让老师的书破圈。

当时，我们招募了200位新书打榜官，请他们从自己的视角对书籍内容做出评价，在豆瓣、小红书、抖音、视频号做种草推荐。以此撬动读书博主的私域，在后端实现更多的转化。

发售过程中，第一天就卖出 1000 册书，三天内卖出了 2000 册书。这个销量，让《自律上瘾》在上市的第一周冲上了四个榜单——行为习惯榜、经管励志榜、24 小时榜和 7 天榜，而且全都排名第一。借此机会，我们帮他做了喜报，做了第二次营销。刚上市就拿到四榜第一，读者会相信它是一本好书，会带动更多的读者产生购买行为。

我们做的第二个动作，是借助新书打榜官带来的新流量，做了一个用书营——让作者亲自帮读者拆解这本书，以增强链接感。加入用书营之后，读者和作者可以有近距离的交流，对话感很强，亲近感很足。

我们做的第三个动作，是邀请一些嘉宾成为新书领读官。《自律上瘾》有四章，我们每天请一位新书领读官拆解其中一章的核心内容。领读官领读结束之后，我们会鼓励群里的人，写一写自己的心得和复盘，写完可以发到群里，也可以发到自己的朋友圈或是各种社交账号上。这样，裂变的扩散影响力就会更大了。

我们做的第四个动作，是帮何老师设计了一个高客单的产品。这个产品的出现，基于前三个动作中，读者已经对何老师产生了很强的信任感。在信任的基础上，帮老师推他的高客单产品，会非常丝滑。

对于有新书上市的作者，我们都建议去尝试“书+发售”的模式。这个模式，不仅仅是为了推书，而是要和作者后端的高客单知识付费产品连成一体，为作者增加收入。毕竟，除了头部作者，大部分作者的图书版税收入都是非常有限的。

有了更多的收入，作者写书的欲望和动力，都会被激发出来。有了好的内容，读者的购买愿望会更强烈。这是互相激励的过程。

对出版社和图书营销操盘手来说，销量有所保障，也会带来激励，他们会更积极地参与到营销活动中。

总而言之，新书上市后的三个月，是非常重要的营销期，对书的整体销量会有很大影响。如果这三个月没有利用好，后期的势能难免会变弱。

最后，大家不妨想一想，你有什么样的方法或创意，能让你的书在上市以后，有 100 个人主动来帮你推书？

流量可以让知识流动，

代表作可以沉淀

智慧和塑造**品牌**！